痛みを消す!!
ヒーリング・テクニック

松本光平
Matsumoto Kohei

たま出版

場の環境のお浄め

▲宇宙円光エネルギーを降ろしたところ

施術中

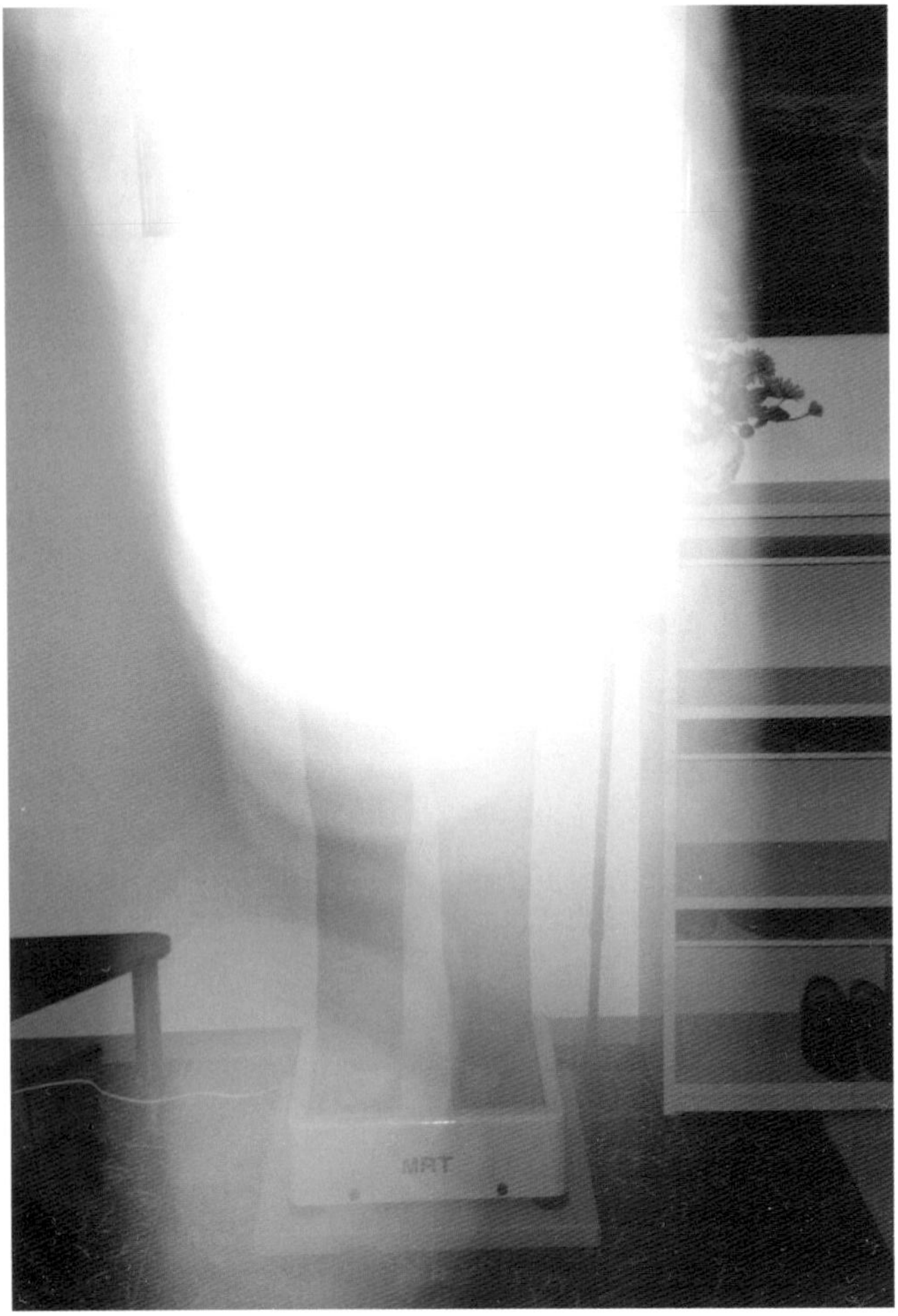

▲人体の中心である仙骨と宇宙円光エネルギーを繋いだ瞬間

施術前

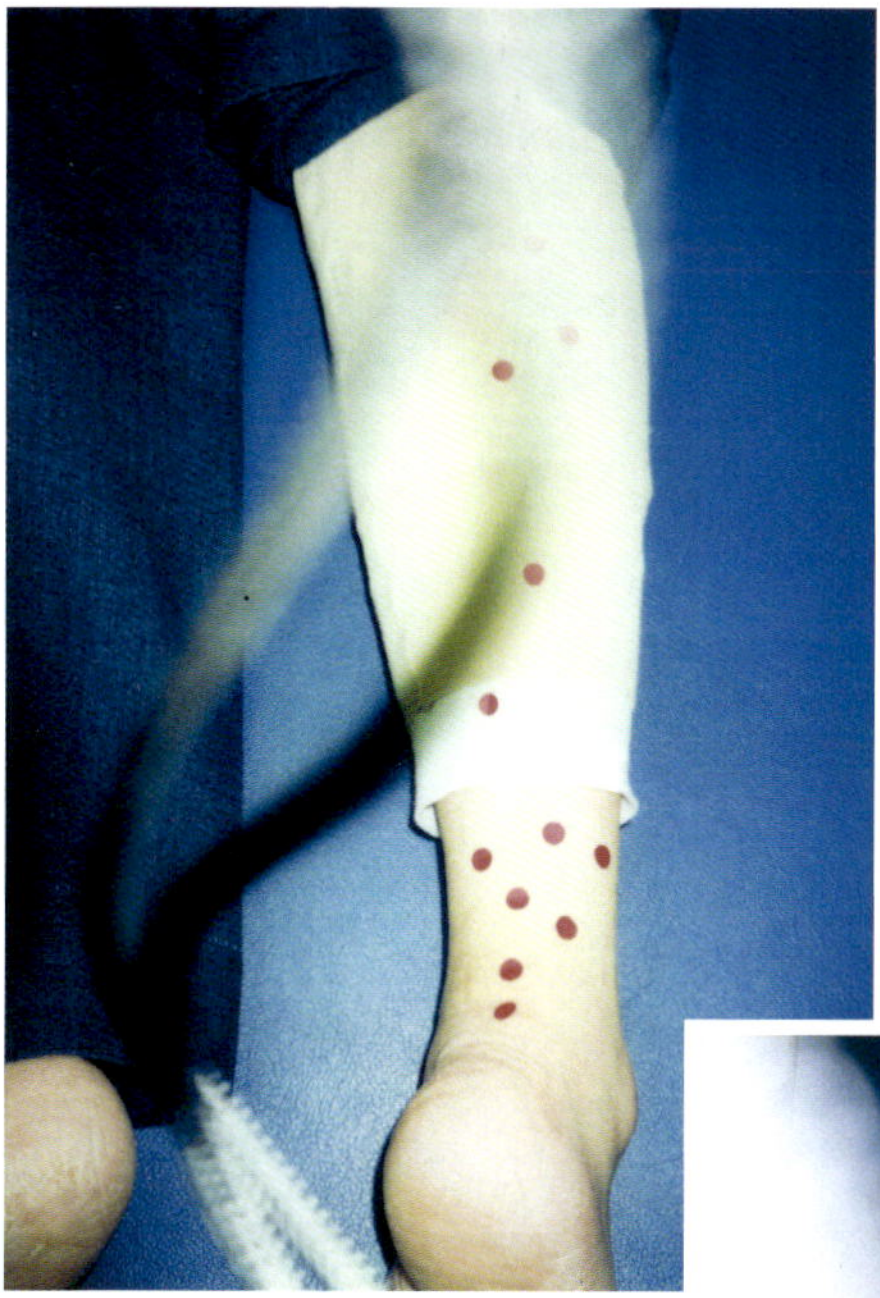

◀白と黒のヒモ状と化したマイナスエネルギーがはっきりと映っています

施術後

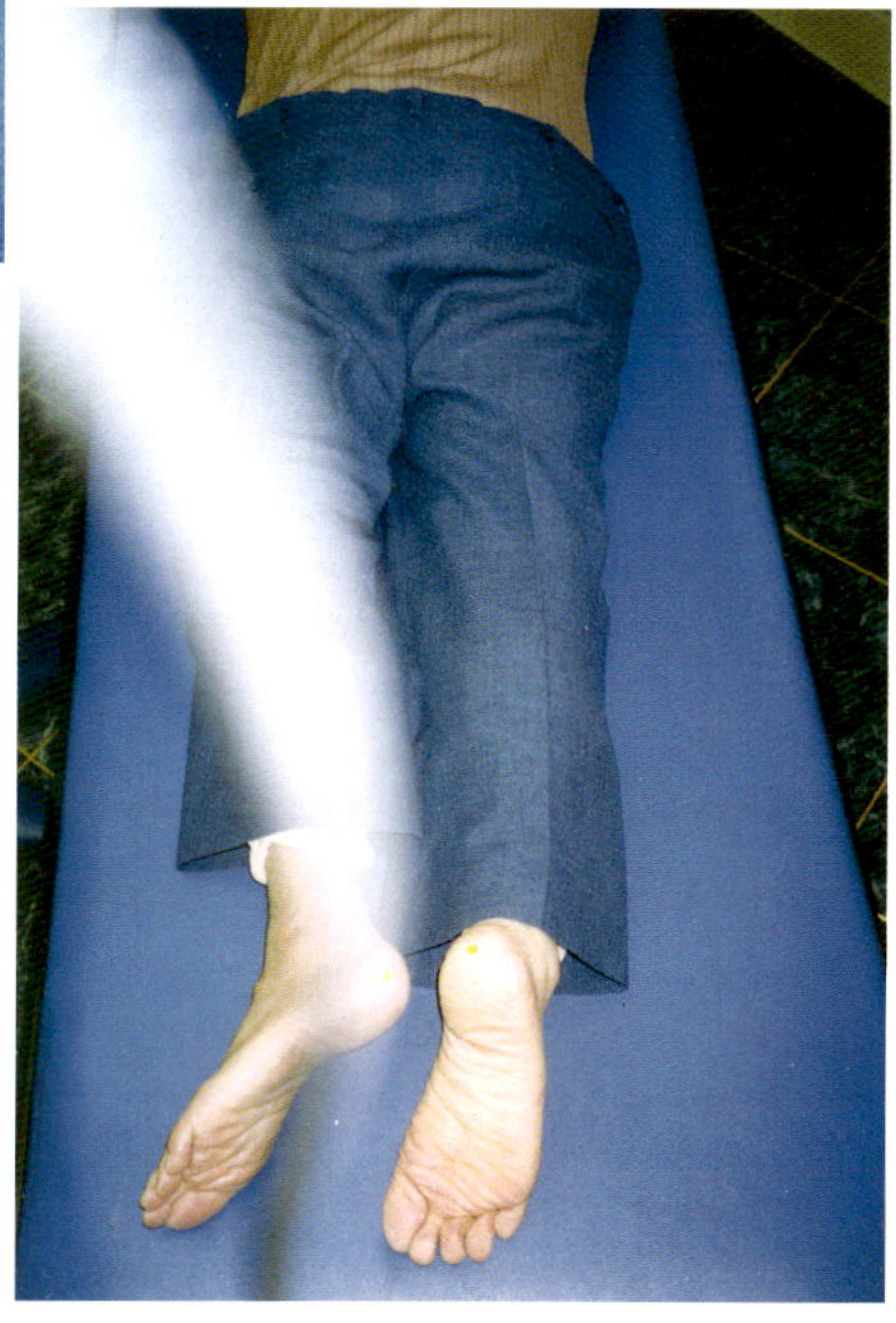

ヒモ状と化したマイナスエネルギーがきれいな白光になりました▶

宇宙円光エネルギーを立体化した画像

コンピューターによる3D解析・データ化

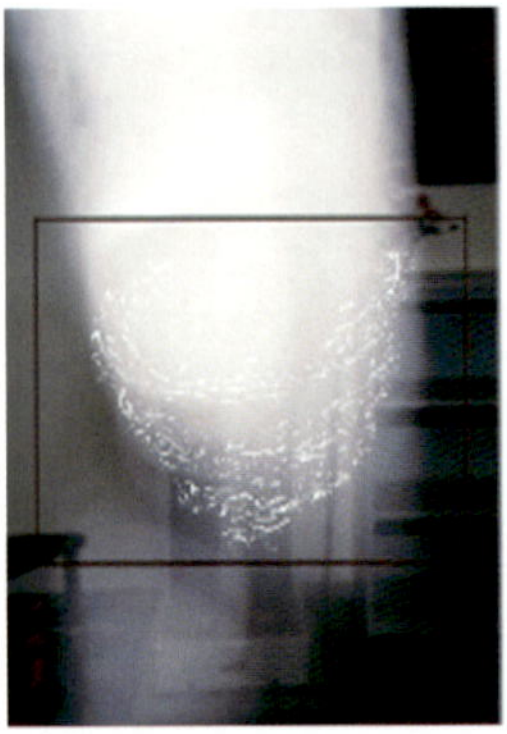

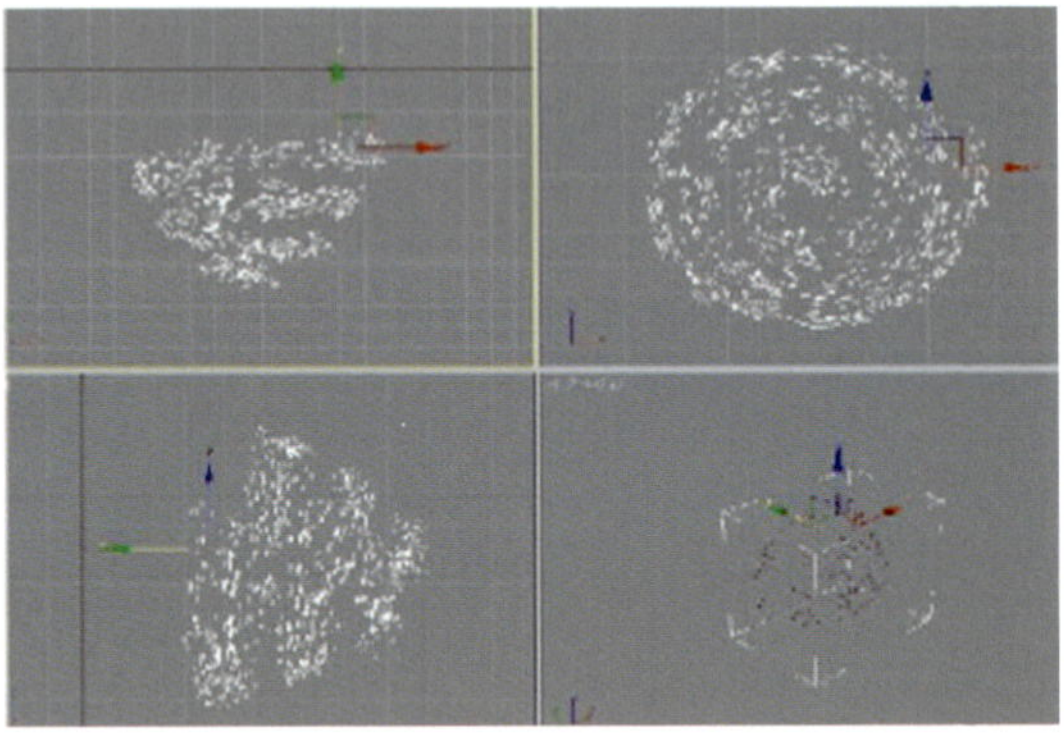

前から見た画像

横から見た画像

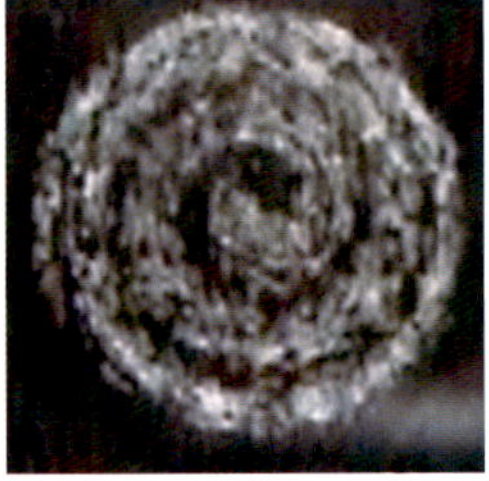

上から見た画像

著者と神仏の光のエネルギー

▲著者の左上に白い光がきらめいている

曹洞宗大本山總持寺　瑞世記念（平成元年）

はじめに

あなたも痛みが消せる人になりませんか？

あなたにとって、大切な人は誰ですか？
その人が、突然の痛みで苦しみだしたら、あなたはどうしますか？

「大切な人」と言われて、あなたの脳裏にまっさきに思い浮かぶのは誰の顔でしょうか。生まれてまもない赤ちゃん、かわいいさかりの幼児、あるいは育ち盛りの小学生の子供、共に人生を歩むパートナー、今なお自分を気遣ってくれるお母さん、年老いて病気がちなお父さん、人生の岐路でお世話になった恩師、思い悩んだときに必ず助けてくれる親友……。

人それぞれ、いろんな人の顔が浮かんでくることと思います。ほとんどは、一緒に暮らしているご家族の顔が浮かんできたのではないでしょうか。それが誰であっても、最初に思い浮かんだ人が、今この時点で、あなたにとって一番大切な人であることは間違いありません。

では、ちょっとイメージしてみてください。

その大切な人が、深夜になってから突然苦しみ出したとしたら――。

「お腹が痛いよ」

「胸が苦しい。どうしたんだろう」

「腰が痛くて立てない」

けわしい表情で痛みを訴えています。

愛する人のそんな状況を目の前にして、あなたはなにができますか？　いったいどんな行動をとるでしょうか？

これはたんなる空想ではなく、誰の身にも、いつ何時《なんどき》起こるともかぎらないことだと思います。

いったん本のページをそのままにして、「もしそんなことが起きたら、自分はどうするだろうか？」と、イメージを広げ、シミュレーションしてみてください。

尋常ではない様子を見て、すぐに救急車を呼ぶという選択をする人が多いかもしれません。では、その救急車が来るまでのあいだ、あなたにはなにができるでしょうか？


ひたすら、痛がる患部をさすってあげる。

とにかく手をにぎって、様子を見守る。

「大丈夫、頑張って」と声をかけて励ます。

「どうして欲しい？」と訊《たず》ねる。

なにもできずに、おろおろと動き回る……。

他にも、様々な行動を思い浮かべることができると思います。

では、私の場合はどうかというと、皆さんのイメージする行動とはまったく違う行動をとります。目の前に痛みを訴える人がいたら、私はすぐさま「浄波良法」を行います。これは私が開発したオリジナルの施術で、人の自然治癒力に働きかけるものです。本来の力が働きはじめると、身体が良い方へ向かっていき、痛みに苦しむ人を楽にしてあげることができるのです。

後に詳しく述べますが、「浄波良法」はすべての人に内在する自然治癒力にスイッチを入れ、瞬時に引き出すことができる良法です。施術を行った後の確かな成果として、「痛みが消える」というのが最大の特徴です。

前著『お坊さんが考案したかんたん自然治癒力アップ体操』では、その浄波良法をベースとして、簡単にできる「自然治癒力向上法」を紹介しました。オリジナル体操は、日常のなかで、自分で自分を癒し、治癒力を磨くための方法です。

すでに私は「浄波良法」を紹介する書籍を五冊、世に送り出しています。それらの書籍をお読みいただければ、浄波良法の癒しのメカニズムや、科学的な検証、施術によって深刻な病気が快方に向かった事例や体験談などを、より詳しく知っていただくことができると思います。

今回、本書を通して私が皆さんに一番お伝えしたいのは、「痛みを消す力を身につけませんか?」ということです。一人でも多くの人に、「大事な人を癒せるようになりませんか?」とメッセージをしたくて、この本を書きました。

人間にはもともと様々な能力と可能性があるのに、私たちは、その大半を眠らせたままでいるといわれています。自己治癒力はその最たるものです。せっかく与えられた力を使わず、心身の不調や病でただ苦しんでいるのが現代人です。なんとももったいないことでしょうか。

そこで私は、皆さんの眠っている自然治癒力を働かせる方法、「浄波良法」を開発しました。さらに、この施術法を誰もが簡単に出来るように、勉強会というかたちで広く教えています。

自分に内在する力を磨くことができるのは、自分自身だけです。使えば使うほど、それは輝きとパワーを増していきます。そして、自己の内在する力を日頃から磨くことで、それを愛する家族、大切な人々のためにも役立てることができます。そのことを知っていただきたいのです。

身体に備わった治癒力は誰にでも共通のもので、しかも私たちが想像する以上に無限なるパワーを秘めています。

この本を読んで、あなたのなかにすばらしい力があることに気づき、ぜひ身につけて、身近にいる、愛する人、病気の人のために活用していただければ幸いです。

◎目次

第三章　苦しまない生き方

第四章　～浄波良法を体得された方たちの気づき

〈勉強会参加者の体験談〉

自分で痛みを消して楽になることがありがたい〈五十代女性／千葉県在住〉

毎日続けるうちに父の自然治癒力が引き出された〈四十代女性／福岡県在住〉

癒し手として勉強会での学びを活かしたい〈四十代男性／兵庫県在住〉

我が子の痛みを消せたことが母親としての自信に〈三十代女性／東京都在住〉

家族の健康を支える人が一家に一人いると安心〈五十代男性／札幌市在住〉

浄波良法は心も前向きに癒してくれる〈30代／東京在住〉

第一章　天に与えられた内なる力を目覚めさせる

◇いざという時に必ず役立つ「痛みを消す技術《テクニック》」

真夜中に突然、家族が苦しみ出したとき、自分はどんな行動をとることができるのか……。

私が「はじめに」で提案したこのような状況を、身をもって体験されたお母さんがいます。その女性、川谷正美さん（仮名）のお話をご紹介しましょう。

ある日の真夜中のことでした。

「ママ、ママ……」と呼ぶ声を聞いた私は、ふいに眠りから覚めました。隣のふとんで寝ていた娘の美緒が「うーん、うーん」と苦しそうな声を発していたのです。

「どうしたの、美緒ちゃん！」

「痛っ、痛いよ～。ママ。お腹が……痛い……」

驚いて飛び起きると、すぐさま電気をつけました。美緒の顔を見てみると、日頃、血色のいいピンク色の頬が、すでに白っぽく変わっていました。元気はつらつとしているいつもの笑顔も消え、眉間にしわをよせて、とても苦しそうな様子でした。小さな身体を、さらに小さく「くの字」に曲げた状態で、必死に痛みに耐えていたのです。

これまで、風邪をひいたり、お腹が痛むということがないわけではありませんでしたが、これほどまでに苦しんでいる姿を見るのは、はじめてのことでした。

昨夜は、いつもほど食欲がない様子だったかな。それでも半分くらいは、ご飯もおかずも食べたはず。熱もなかったのに……と、寝る前の様子を思い返していました。

「美緒ちゃん、大丈夫？　どこが痛いの？　お腹のどの辺り？　ママに教えて！」

ふとんをあげ、パジャマの上着をめくり、お腹を見てみました。外見的には特に変化は見られませんでしたが、娘はみぞおちの辺りに手を当てていました。

「ここね、この辺が痛いのね」

それにしても、この痛がりようは……。明らかに、尋常ではないと思いました。

（なにか悪いものでも食べさせたかしら？）

「おい、どうした？」

私と美緒の話し声に気づいた夫が、目を覚ましました。

「美緒が、お腹が痛いって。ひどく苦しそうなのよ」

「腹を壊すようなものでも食ったんじゃないのか？」

「そんなわけないでしょ。私もあなたも、なんともないじゃない」

「ママ、痛いよ、痛いよ～」

美緒が、泣きながら必死に訴えてきます。朝までこのまま過ごすのはとても無理だと思いました。こんな真夜中に診てもらうとしたら、救急病院に飛び込むしかありません。

「こんなに苦しそうなのは、単なる腹痛じゃないわよ。あなた、救急車！　救急車を呼んで！　すぐ診てもらわなきゃ」

半分寝ぼけ眼だった夫は、尋常ではない状況にようやく目が覚めたのか、私の声に急かされ、受話器をとると、一一九番にコールしてくれました。

「パパがいま、救急車を呼んだからね。先生に診てもらったら、もう安心だからね」

そう声をかけながら、私はいてもたってもいられず、美緒の手を取り、ぎゅっと握りました。美緒の頬をポロポロと涙がつたい、その表情は必死に痛みに耐えて、ゆがんでいました。娘の苦しみと痛みが自分のことのように感じられ、私の心臓の鼓動が一気に速くなっていきました。胸が締め付けられる思いでした。

少しパニックになりかけていた私は、必死に、「大丈夫、大丈夫。落ち着け、落ち着け……」と、自分に言い聞かせました。

痛みに耐えながら、全身をこわばらせている美緒。なんとかその緊張をほどいて、少しでも楽にしてあげたい。そう思いました。

何度か深呼吸をして、ようやく冷静さを取り戻すと、あることを思い出したのです。

「ああ、そうだ！　あれをやってみよう」

私は再び、美緒が痛いと示したお腹のあたりに、中指をのせました。中指の先からレーザービームが出ているとイメージし、それを仙骨へと繋げていきました。

「美緒ちゃん、ママが今から治療してあげるから、安心してね」

私は眼を閉じると、ゆったりとしたリズムで呼吸を繰り返しながら、集中して意識を美緒の「仙骨」に向けていきました。彼女自身の内側の力に、癒しの光がそっと働きかける様子をイメージして……。相手の仙骨と調和することだけに意識を集中する、ということを、浄波良法の勉強会で学んでいましたが、このような緊急事態を通して、この感覚とコツは知らないあいだに身に付いていたと実感しました。


五分ほどたったでしょうか。目の前の美緒を見ると、身体のこわばりがほどけて、表情も少し和らいだように感じられました。

そして、ぎゅっと閉じていた目を開けると、こう言ったのです。

「ママ、すごい。痛いの飛んでったよ」

「えっ、美緒ちゃん、ほんとなの？　もう痛くないの？」

「う〜ん、ちょっとだけあるかな。でも、さっきより平気になった」

美緒の言葉に、私の方が興奮していました。

美緒の笑顔が戻り、ほっとしました。

「やったら、できた。ちゃんとできたんだ。痛みを消す方法を身につけておいてよかった。浄波良法を学んで本当によかった」と、心の中で何度も思いました。

浄波良法の勉強会で学んできたことが、ここまで安心を与えてくれるとは想像していませんでした。

松本先生は、勉強会でつねに、「この良法は他のエネルギー療法とは違って、相手にエネルギーを与えるのではなく、自分や相手の肉体細胞を動かせる『手』を体得できるのですよ」とおっしゃっていました。勉強会に参加したぶんだけ回路が開かれ、参加したぶんだけ細胞を動かせる手になっていく。細胞が固まることで痛みが生じるのだから、それを「手」で動かしてあげれば良いと教わってきました。

娘のお腹を触ったときも固く感じていました。これを動かせば良いのだ、私の手は細胞を動かせると同時に、自然治癒力と共鳴させせるエネルギーを出せるようになっているはずだ、と考えたのです。そう思いながら、勉強会で松本先生に言われた通りのやり方で、痛い部分の固まりを動かすようにしてみました。そうすると、固まりがだんだんと柔らかくなっていき、お腹の痛みが軽減されていきました。

松本先生は「頭では忘れてしまっていても、練習したぶんだけ体が覚えているのです」と、毎回勉強会の最後におっしゃっていましたが、まさにその通りに体が覚えていたということを知りました。あらためて、今までやってきて良かったなぁと、松本先生が、「いつかかならず役に立ちます」とおっしゃっていた意味はこういうことだったのだと実感できたことに、深く深く感謝しています。

今までは、痛みが出たら痛み止めの薬を飲み、痛くなくなればそれで治ったと思っていました。

しかし、それは抑えていただけであって、本当に治ったとはいえません。これからは、浄波良法の目的である自然治癒力、回復力、修復力を強めるために、勉強会で習ったことを家族に毎日やってあげようと思っています。

川谷さんとご家族の身に起こった体験を、紹介させていただきました。

補足すると、お嬢さんの美緒ちゃんは、その後、みるみる元気を取り戻し、ほどなくして救急車が到着した頃には、何事もなかったかのように、自分でしっかり救急隊員と受け答えができたそうです。

念のため病院に行ったものの、痛みがぶり返すこともなく、検査による異常も見つからず、そのまま自宅に戻ることができたと聞いています。

この体験談を読んで、あなたはどう感じたでしょうか?

家族の誰かが、突然、病気を発症したり、痛みを訴えるという状況は、特別なことではありません。家族が苦しんでいるとき、あなたにはなにができるでしょうか。

声をかけて励ます。手を握り続ける。痛いという患部に手をあててあげる……。

いずれも、大切な人のことを思えばこそ、頭で考えてどうこうではなく、自然に出てくる行動です。あるいは、不安と恐れが湧いてきて、なにもできずにうろたえてしまう……そんな行動も少なくないでしょう。

お話のなかにもあったとおり、川谷さんは、私が定期的に行っている浄波良法の勉強会に参加して、熱心に学んでいました。夫と子供を愛し、日々の生活と心の安らぎを大切にしている、ごく普通の主婦の方です。

大切なお嬢さんが痛みで苦しんでいる状況で、その痛みをやわらげてあげることができた川谷さん。私も娘がいますから、川谷さんの心配と不安な気持ち、そして自分で癒すことができた安心感と喜びは、自分の体験に重ねて、手にとるようにわかります。私自身も、娘がどこか痛いと言うときには、すぐさま浄波良法を行うのですが、そのたびに「これができてよかった」としみじみ思います。

「痛みが消せる」というと、まるで奇跡のように感じる人がほとんどだと思います。でも、これは奇跡でもなんでもありません。なにか特別な力、不思議な力を修得するのかというと、そういうわけでもありません。

すべての人に共通に備わっている、「内なる力」を使うだけのことです。誰にでもできることなのです。ちょっとしたコツを身につければ、すぐにでもできてしまうのです。

世のなかにはいろいろな治療法がありますが、浄波良法はまったくのオリジナルであり、自分自身の力が体を整えるものなので、他の療法と比較したり、信じる信じないといったところで判断するのは無意味なことです。

浄波良法が重視している「内なる力」とはなにか……。それは、すべての人に必ず、生まれながらに備わっている「自然治癒力」のことです。

たとえば、オーバーワークで体調がすぐれないことがあっても、食べ過ぎたり飲み過ぎたりして一時的に消化器官が弱っても、自然治癒力がしっかり働いていれば、身体は本来のバランスのとれた状態にすみやかに戻っていきます。

「身体は治り方、治し方を知っている」のです。これが真実です。この自然治癒力を十分に活かし続けることが、健康でイキイキとした毎日を過ごすポイントというわけです。

まずは、「痛みを消せる技」の基盤である、浄波良法についてお話していきましょう。

◇身体をつねに良い状態へ導き続ける自然の力

「一家にひとり、浄波良法のできる人を誕生させたい。ひとりでも多くの人に、痛みを消せるようになってほしい」

これは、私が浄波良法を開発した当初から、心にありつづけていた思いであり、切なる願いです。私が浄波良法を完成させたのは、一九九三年のことでした。それ以来、病や身体の不調に苦しむ多くの方々を施術し続けてきましたが、「一家にひとり」というビジョンは、時間とともに強くなっていきました。

浄波良法とは、既存の方法とはまったく異なるオリジナルの施術法で、そのキーワードは「自然治癒力を引き出す」というものです。

あなたは自分の自然治癒力に自信がありますか?

この問いに、すぐさま「イエス」と答えられる人は、それほど多くないと思います。

いざ病気になったとき、たいていの人は、かかりつけの病院にかけこみ、医師に助けを求めるでしょう。「病院にかかりさえすればひと安心。これで病気は良くなる」と思う人が圧倒的だと思います。

しかし、本当にそうなのでしょうか？　病気が「治る」というのは、身体のなかでどのようなことが起こり、どのような状況になったことをいうのでしょう。

病気や身体の不調とは、その人が自然体で生きることや、宇宙本来の法則から外れ、精神的・肉体的な歪みが生じていることを示すメッセージです。歪みが生じると、圧痛点という、押すと痛いと感じる場所があらわれます。細胞の活動を司る生命エネルギー（気）の循環が滞り、骨格や、それに準ずる細胞がバランスを崩し、その結果、病気の先駆けを意味する圧痛点の痛みとなり、さまざまな体調不良が起きていくのです。

私たちは、一般的に病気になったら病院へ行き、薬など、様々な治療を受けますが、西洋医学の対処療法は根本原因を探るわけではないので、一時的に良くなっても、またなんらかの不調や病気の症状があらわれてしまいます。

最先端の医療が整った病院で、あの手この手を尽くしても、根本的な内なる治癒力が働かないかぎり、病んだ身体は快方へ向かっていきません。なかなか良くならないどころか、かえって副作用という形で、よけいに苦しい状態に追い込まれることも少なくないでしょう。

それはなぜかというと、自身の内側で、自らを治癒する力が弱まっているからです。自然治癒力を発揮しないことには、真の意味で健康を取り戻せないのです。

実際のところ、病気を治すのは、医師でも処方された薬でもありません。症状があると体力が落ち、治癒力が低下して治りにくいため、薬で症状を抑え、治癒力が働きやすいようにするものなのです。そういった意味で、病気は自分自身にしか治すことができないのです。身体を良い状態へと導く力、自分自身の内側の治癒する力が、しっかりと働くかどうかがポイントなのです。薬の役割、浄波良法の役割を充分理解した上で治療にのぞんでほしいと思います。そこを勘違いしてしまうと、後悔することになってしまいます。

現代は、多くの人が病院で亡くなっています。ガンや高血圧症、脳梗塞、あるいは精神的な病気も増え続け、これほどまでに心身の不調や様々な病に悩まされている時代は、いまだかつてないでしょう。医療技術が飛躍的な進歩を遂げているにもかかわらず、不治の病もいっこうに減っていきません。

症状に対処するだけでは、表面にあらわれている症状の奥にある、それを引き起こした原因を探り出して取り除くところまで追求できないからです。人の内側にある自然治癒力の存在が、十分に理解されていないのです。

◇現代人は天から与えられた宝物を忘れている

私が開発した浄波良法の第一の目的は、一人ひとりの身体に内在する「自然治癒力を引き出す」ということです。

自然治癒力は、すべての人に生まれながらに備わっている、身体をつねに良い状態へと導く力です。肉体をもってこの世に誕生する際に、「これを使って健康的な肉体を維持し、自分に与えられた使命を遂行し、学びなさい」と、天から与えられているものなのです。

本来、人間の身体というのは、たとえば野生の動物がそうであるように、肉体のどこかに異常な部分が生じれば、修復しようとする機能「自らを治癒する力」が働いて、アンバランスなところを修復し、調和した状態を取り戻していくのです。

ところが、現代社会に生きる私たちは、本来備わった自然治癒力を活かしきれていないのが現状です。周囲には、心身にマイナスの負担をもたらし、生命力を低下させる様々な要素が存在しています。つねにそれらの刺激にさらされ続けていると、自己調整がだんだん追いつかなくなっていきます。自然治癒力が疲弊しきった状態で、機能停止に陥っているのが現代人なのです。

つまり、私たちはせっかく持っている宝物を使わず、眠らせたままの状態でいるということです。いつしか、その宝物があることすらすっかり忘れてしまい、「自ら治る」という意志を持たず、病気になったら医者や薬に「治してもらう」という他力本願的な意識になっています。そんな状態では、自分のなかにある大いなる力に対する信頼も薄れてしまうというものです。

もともとの力が眠っているのなら、その力――自然治癒力（回復力・免疫力・修復力）を目覚めさせることができれば、身体は自ら不調和を正してバランスをとるよう自然とまた働き始めます。その手助けとなるのが、浄波良法です。最大限に自然治癒力を発揮させた結果として、身体の圧痛点の痛みが取り除かれ、病気の症状が改善していくわけです。圧痛点の痛みが消えたときは、自然治癒力の素晴らしさを体感し、評価する瞬間です。

すべての人の内側にある自然治癒力。それこそ、「名医」「スーパーヒーラー」と表現できるものです。そのポイントは仙骨にあります。仙骨というのは、肉体、精神、魂のすべてをコントロールしている、生命力の要です。仙骨がないと人間は生きていけないと言われるほど、重要な部分です。その仙骨のスイッチをオンにし、自然治癒力を最大限に引き出すのが、浄波良法という施術です。

西洋医学の対処療法だけでは限界があることに、多くの人が気づきはじめています。病気を発症したそもそもの原因を探り、根本からの改善を目指そうとする東洋医学や、民間療法への関心が高まっているのも、そのあらわれだといえるでしょう。
実際、様々な民間療法や代替療法を取り入れる病院が増えてきていることは喜ばしいことです。

そのような社会の流れは、私たち一人ひとりのなかに、表面だけを見るのではなく、本質をとらえようとする意識の変化があり、目に見えない生命というものに対する理解が進んだということとも関係していると思います。

浄波良法は、一般の治療と併用すると、よりいっそう治癒の効果が高まることから、医師からも高い評価を受けています。代替療法の一つとして、すでにいくつかの病院と提携を結び、治療に役立てられています。

◇本物を求め続けて辿り着いた療法

ここで、どのような経緯で浄波良法が誕生したのか、簡単にお話ししましょう。

私は治療家でもあり、僧侶でもあります。心の苦悩に対し神仏の道を説いて導く僧侶も、肉体の苦しみを取り除く治療家も、人を癒し救うという使命は基本的に同じです。私は寺の住職の息子という星の下に生まれ、幼いころから神仏を身近に感じ、目に見えない世界への理解と信頼を深めるに充分な環境で育ちました。

実家を継ぐため、仏門に入って二年間、辛い修行に取り組みましたが、「言葉だけのお経や読経では、人々の肉体的な苦しみを取り除くことはできないのではないか」という疑問が湧いてきました。もっと現実的な方法で人を癒したい、苦しむ人を救いたいという思いを強く持つようになったのです。

高校、大学時代、私は野球やボクシングといったスポーツに熱心に取り組んでいました。激しいスポーツで酷使した肉体は悲鳴をあげ、骨折や筋肉の損傷をおこして、何度か手術を経験することにもなりました。

肉体にメスを入れられ、治療に苦しんだ経験も、後になって振り返ると、私には必要な学びだったと言えます。「肉体的な痛みに苦しむ人たちを助けたい」と純粋に思うようになり、私を治療家の道に進ませるきっかけになったのですから……。

今でも施術のたびに、怪我や病気に悩む人たちの辛さや痛みが、自分のことのように感じられます。

治療家として実践的な治療法を身につけるため、気功整体や神経分野など、三つの学校で東洋医学を学びました。卒業後は身につけた技術で、多くの患者さんへの治療を行いました。ところが、楽にしてあげられるのはその場限りのことだけで、またしばらくたつと体の不調がぶり返し、苦しみが繰り返されるのです。治療に訪れる患者さんたちの様子を見るにつけ、自分のしていることに疑問を感じるようになりました。

「これでは真の治療とは言えない。人々を病から救うには、どうしたらいいのだろう。究極の治療法を見いだすことはできないものだろうか」

苦しむ人を救いたいという思いがありながら、理想とする治療ができるまでには至らず、悶々とした思いを抱えていました。そうこうするうちに、父から「寺の仕事を手伝ってほしい」といわれ、いったん実家に戻って副住職としての務めを果たすことにしたのです。

しかし、治療家としての道を、完全にあきらめたわけではありませんでした。むしろ、参拝者や檀家さんのなかに、身体の苦痛を訴える人の姿を見るにつけ、「助けてあげたい」という思いを募らせていきました。

副住職として務めていると、否が応でも病気で亡くなった方を送る機会に遭遇します。そうすると、「この人はもっと生きられたはずなのに、もったいない」と思うことが、たびたびありました。

訪れる人たちのなかに病気で苦しむ人がいれば、それまで学んだ技術で治療をしたりもしましたが、良くなるのは一時的で、しばらくすればまた症状があらわれることの繰り返しです。どんなに力をかたむけても、ただ自分の力の至らなさを痛感するばかりでした。

既存の施術に限界を感じていたとき、母の具合が悪くなってしまいました。私が十代の頃から胃潰瘍を煩っていた母は、治っては発症し、治ってはまた発症するという状況を、十四回も重ねていました。痛みと嘔吐で苦しむ母に、当時の私は洗面器を差し出すことくらいしかできず、なぜ薬が効かないのか、どうしたらいいのかと、大切に思うたった一人の人すら助けることができない自分が、ほとほと情けなくなりました。

苦しむ母の姿が、私を「なにがなんでも自力で、確実に治る治療を開発しなければ」と奮い立たせました。家族を救えるのは自分しかないと、瀬戸際に立たされ、必要に迫られたわけです。それからというもの、以前にもまして真剣に治療の開発に取り組みました。

もともと私は、誰かに教えを請うというよりも、経験を通して自ら学ぶタイプでした。「師はなくても必ずできる。神仏は見ていてくれる」という信念で、独自の修行と研究を重ねていったのです。

◇天がもたらした唯一無二の「痛みを消せる」良法

「物事に迷った時は、外に求めるのでなく内側を見つめよ」

こう仏教では説いています。これは病気治療にも当てはまることです。

「人間にはもともと、神様から与えられた自然治癒力があるのに、外にある治療法や薬に頼るため退化させてしまっている。内なる自然治癒力を引き出せば、病気は治るに違いない」

そのような信念を胸に独自の研究を続けていた私は、ある日、大きなヒントとなる霊体験をしました。

ベッドに横になっていながら、まるで違う次元にいるような感覚が広がったかと思うと、白く丸い光のエネルギーが、顔から足へとゆっくり円を描いて降りてきたのです。その光は、十代のころから何度か遭遇していたものでした。

その光は、渦のように自転を繰り返しながら、私の身体の中に入ってきました。目に見えない存在が私に何かを教えていると思いました。この体験をきっかけに、その後、何度も光による教えを受けながら、エネルギーを降ろす方法を体得していきました。

後に私が宇宙円光エネルギーと名づけたその光のエネルギーを、どう治療に活かしたらいいか、試行錯誤を重ねた結果、とうとう「浄波良法」を完成させることができたのです。

心と身体が受けた苦しみや挫折、辛い修行や僧侶としての務め、東洋医学の学びや知識の習得など、遠回りにも見えたすべての経験、そして、人々を苦しみから救い癒したいという切なる願い、両親の病の苦しみが、私を治療家の道へと導いてくれました。

浄波良法は目に見えず、わかりにくいものでしたから、当初、病院や医師からはあまりよく思われませんでした。しかし、「治療の現場で、必ず痛みに苦しむ方々の役に立つはずだ」と確信を持っていた私は、全国からガンや難病の患者さんが訪れることで知られる高知県の土佐清水病院に打診をして、やとっていただきました。浄波良法に理解を示してくれた医師たちと一緒になって、多くの患者さんの治療にあたり、様々な症例による臨床データを測るとともに、この施術法をもっと洗練させていきました。

母が長年苦しんでいた胃潰瘍も、私が浄波良法を何度か繰り返し行い、自然治癒力を引き出すことで回復しました。そして、再び発症することはなくなったのです。愛する家族を救うことができたとき、「この浄波良法があって本当に良かった」と心から思いました。

もう一つ、母のケースで気づいたのは、「薬の力で治ったものは癖になるけれど、自分の力で治ったものは癖にならない」ということでした。つまり、薬による治療は一時的に症状を消すだけで、再び症状があらわれ、繰り返されてしまうものですが、本来の自然治癒力によって治った場合は、再発することはなく、完治に至るのです。

◇痛みは体内に生じている不調和のサイン

寺の住職として務めていると、一般の方以上に、生命について考えさせられ、真摯に向き合うことが求められます。それは、病気の患者さんを治療しようとする医師も治療家も、まったく共通だと言えます。生命の本質をとらえていかないと、真の癒しにはならないのです。

私たち人間の生命の営みは、肉体のみで成り立つわけではありません。肉体と心、そして霊（または魂）のすべてにおいてバランスが整い、調和している状態にあるのが、健康的で理想的な姿です。もしなんらかの原因で気の流れが滞ってしまうと、健康が損なわれ、病気を発症すると考えられます。

このように、生命や健康というものは、肉体の臓器の部位が単独で機能するわけではありませんし、肉体の動きには心も魂も密接に連携しているのです。私が完成させた浄波良法は、既存の療法のどれにも似ていません。一般的に誰もが知っているような、整体や気功などをイメージしていると、はじめて体験されたときは、きっと面食らってしまうでしょう。実際、あまりにも簡単に施術が終わってしまうので、物足りないように感じる人も少なくないようです。

浄波良法について、施術の流れをご紹介しましょう。

簡単なカウンセリングをすませ、施術に入る前に、まず患者さんの肩や首などを押して、圧痛点を確認することからスタートします。これは、圧痛点の痛みの感覚を、患者さん自身で確認していただくのが目的です。また、圧痛点の痛みがあるということは、体のどこかの骨格が歪んでいて、その周りの機能が低下している状態だという確認ができるからでもあります。施術後にもう一度、痛みのあった部分を押すことで、その痛みの度合いや感覚が、施術の前後でどう変化したか比較できます。

圧痛点の痛みというのは、あくまでも患者さん自身の感覚がとらえるもの、主観によるもので、施術する側の私がコントロールできるものではありません。もし痛みを感じる部分があれば、身体が本来の健康的なバランスを崩し、不調和な状態に傾いていることをあらわしています。

次に、リラックスした状態で、まっすぐ前を向いて立ってもらいます。ここから先、一連の施術で、私は患者さんの身体に触れることはいっさいありません。

では、なにを行うのか……。言葉で説明すると、次のようになります。

私はまず、立っている患者さんの肉体に向けて、意図を持って、宇宙円光エネルギーを降ろします。正確には、治癒力の基盤である仙骨にエネルギーを共鳴させるのです。

人体の中心に位置する仙骨は、身体全体に影響を及ぼす生命の要ともいえます。私が行う作業というのは、ほぼ瞬間的にその方の肉体と生命の「場」の環境を整え、波動を浄めて、宇宙円光エネルギーを受信しやすくするということです。かかる時間は一分ほどです。

その後、仰向けに五分間寝ていただき、私はその場を離れます。横になっているあいだに、内側の自然治癒力が働きはじめます。宇宙エネルギーを充填《じゅうてん》しながら、自然治癒力が細胞を自己調整するのに任せると、肉体・魂・精神が、目に見えない光のエネルギーによって整えられ、浄められ、安定していきます。全身の骨格が動き、機能が高まっていきます。そのプロセスを邪魔しないためにも、私は離れているわけです。

五分間横になって静かに過ごした後、チェックしておいた圧痛点を押して、痛みを感じるかどうかを調べます。施術前の痛みは、身体の歪みや細胞の不調和を意味し、その痛みが消えることは、身体の歪みが整い、まわりの機能が高まったことを意味します。

浄波良法を受けた人の体験や感想は、人それぞれに異なっていて、とても興味深いものです。たとえば……。

・横たわっているあいだ、ピリピリとしたエネルギーの感覚があった。
・まるい光が螺旋を描いて、身体の表面を動くように感じた。
・徐々に身体の力が抜け、気持ち良くて眠くなった。
・受けたその日は熟睡でき、翌朝、身体が軽くなっていた。
・なぜかワクワクし、嬉しさ、喜びの感情が湧きあがってきた。
・胸のあたりから温かな光が広がっていくのを感じた。
・お腹がぐるぐる鳴った。
・全身が動き出した。

圧痛点があれば痛みが消えたことを体感できますが、長年薬を飲み続け、体がにぶくなっていると、圧痛点がわかりにくく、変化が感じられないときがあります。

そのような場合は、自然治癒力が働かない、身体の不調状態が長く続き、感覚がにぶっているのです。それだけ毒素の蓄積が多いわけです。

圧痛点のチェックが、どれほど身体に無理を強いてきたかということに気づくきっかけにもなります。その圧痛点の痛みも、繰り返し痛みを消していくことで徐々に軽くなっていくでしょう。

コツコツと積み上げてしまったものは、それなりの時間をかけて解放していくしかありません。それは宇宙の法則です。まれに一度施術を受けただけで良くなるケースもありますが、それは、その人自身の治癒力の働きの強さがもともと強く、また、見えない次元でのサポートを受けているからです。

施術の後で、痛みが軽くなったと感じられたら、その痛みを消したのは、間違いなく本人の力です。私の力で痛みを消したり、身体になにかしたというのではなく、自身の内側で自然治癒力が働いたことで、身体が良い方向へ向かったのです。それこそが真理です。宇宙円光エネルギーが作用して、「眠っていた自然治癒力のスイッチを入れることができた」ということなのです。

身体に触れることもなく、施術者の力がいっさい関与しないというのが、浄波良法の一番すばらしいところなのです。調和のエネルギーによって浄化し、生命の働きに任せるので失敗がありません。本来の自然治癒力を引き出し、磨いていく、自立に導く良い方法、すなわち良法なのです。

お釈迦様が残した、「天上天下唯我独尊」という言葉があります。その真意は、「私たちは皆、一人ひとりがかけがえのない存在、かけがえのない尊い命」だということです。であるならなおさら、お互いの違いを認めて理解しあい、共にその命を最高に輝かせて生きることが大切だと思うのです。

一人ひとりの自然治癒力は、無限の可能性を秘めています。私が「こうなのだ」と、限定できるものではありません。その自分自身の力を信じ、すべての人がその力を磨いていってほしいと切願します。

第二章　生まれながらの自然治癒力を磨くこと

◇自然治癒力が身体・心・魂の調和をはかる

目に見える肉体のみを対象とする一般的な現代医学は、病んだ部分を治療し、症状を消すことを目的としています。しかし、浄波良法が対象とするのは、肉体だけではありません。肉体と、目に見えない生命エネルギーに同時に働きかけ、精神や魂の不調和な部分にも影響を及ぼしていきます。

私たちの肉体は、あらゆる臓器、器官、循環システムが連携しながら、六十兆個の細胞が機能的に活動することで、生命の営みを継続しています。目に見える細胞の一つひとつを機能させているのは、目には見えないエネルギー、内なる生命力です。

そして、目に見えないエネルギーの汚れは、目に見えない光のエネルギーをもって浄化していかなくてはなりません。つまり浄波良法は、肉体のみならず、意識や心理的な部分を司る中枢、さらに生命活動を司るエネルギーの根本である魂にもダイレクトに働きかけ、自然治癒力を中心にその方の生命の働きに任せていきます。肉体と精神と魂の調和をはかり、「生きている身体」のトータルバランスが整う良法なのです。

古《いにしえ》の時代、大自然を身近に感じながら、自然と共に生きていた私たちの祖先は、大地や緑の木々たちから、十分に癒しのエネルギーを受け取ることで、内なる力のパワーを維持できていました。それが当たり前のことだったのでしょう。

一方、今の私たちの暮らしは、あまりに自然とかけ離れてしまい、自然界の大いなる癒しの力を受け取ることもままなりません。まして、ストレス過多の現代では、忙しさにかまけ、体の声を聞かずに、薬や、外から刺激をするような治療に頼ってしまっています。

そうして働く場を取り上げられてしまった自然治癒力は、次第にその力が弱まってしまいました。多くの現代人が、自然治癒力を眠らせ続けている状態にいるのです。

私の役割は、皆さんの内に眠っている自然治癒力を目覚めさせることです。それは、外側から刺激を与えて無理矢理起こすようなやりかたではなく、自然治癒力の根幹の仙骨にスイッチを入れることで、本来の働きを呼び覚まし、その働きにすべてをゆだねるのです。それにより、内側の六十兆個ある全身の細胞が静かに振動しはじめ、不調和な状態が調和へと向かうようになり、身体と心、魂のバランスがとれた生命を取り戻していくことになるわけです。

◇人間はなぜ病気になるのか

病気になる原因は一つではありません。その原因は、おもに以下の九つです。

1. ストレス
2. 食生活
3. 運動不足
4. 生活習慣

5. 霊障
6. 浄化
7. 二人の自分の不一致
8. 想念
9. 教え

1. ストレス

現代はストレス社会と言われています。自分を押さえて、生活のために、やりたくもない仕事をこなしていると、日々の蓄積が溜まっていきます。それにつれて仙骨の動きが鈍くなり、骨格に歪みが生じ、身体はバランスを取るために筋肉を硬直させてしまうのです。チリも積もれば山となるというように、そうした日々の積み重ねが、仙骨の動きを鈍くさせるマイナスエネルギーとなって溜まり、骨格もまたどんどん歪んでいくのです。

そして、最終的に身体は症状を出して、自分にサインを示します。そのサインははじめ、圧痛点という形であらわれます。これは押さないとわからないので、見逃しやすいサインです。こうしたサインを、習慣的な肩凝りだとか、いつもの不調だとか、そうやって軽くすませてしまい、本来の内なる声を見逃していった結果、病気になるのです。

◎一週間に一度は自然と接することをお勧めします。ただ自然の場所に身を置いているだけで、自然の波動が自分の身体を癒してくれます。

2. 食生活

暴飲暴食、バランスの悪い食生活、添加物ばかりの食生活を続けていくと、身体本来の働きが阻害されていき、代謝が弱くなっていきます。たとえば、代謝されるはずの添加物が身体に残るようになってくるとか、身体のなかに、病気の原因とされている活性酸素が増えはじめてくるといった具合です。

◎調子がすぐれないときは、断食をしたり、酵素と、良い水を飲んで、身体の大掃除をするといいでしょう。

3. 運動不足

現代は車社会です。交通の便も良くなっていて、都会にいれば歩く機会はあまりありません。かといって、ただ走るだけでは活性酸素が増えるので、短絡的に走るのは良くありません。

ただし、すべての運動を、活性酸素が出るから身体に良くないと考えるのは間違っています。運動しないでいると身体はしだいに硬直し、ストレス状態となって、病気の原因となる活性酸素を発してしまうのです。

◎歩くのが一番良いことです。歩けない状況にいる人は、ストレッチなどを心がけましょう。自然治癒力アップ体操をするのもいいでしょう。自然治癒力アップ体操は、運動不足の方を対象に考案したもので、誰でも、どこでもすぐにできます。

4. 生活習慣

夜の十時から二時は、ホルモンバランスを調整する時間帯です。この時間はしっかりと睡眠をとりましょう。地球のサイクルは身体に強く影響しています。朝がきて夜を迎え、夜になったら寝る。明るくなったら目覚める。この自然の原理を逸脱すると体内時計が乱れ、神経のバランスを崩してしまいます。

◎体内時計を元に戻すには、毎朝決まった時間に起きることが大切です。早く寝ても遅く寝ても同じ時間に起きることで、身体の一日の乱れをリセットするのです。

5. 霊障

この世界は想いの世界です。人のことを想うと、想いのエネルギーは相手に必ず届くようになっています。エネルギーが感情によってマイナスに働けば、その人のもつオーラを傷つけてしまいます。すると、人体のエネルギーはバランスを崩し、身体の骨格の歪みをつくってしまいます。肩凝りや頭痛を引き起こしやすくなり、やがては身体全体に影響をおこしてしまうのです。

また、亡くなった人の想いも身体に影響を与えます。救ってほしいとか、恨みの想いなど、目に見えないぶんやっかいです。

ガンの家系では、亡くなった人が成仏していないことが多く、その家にしがみついているために、同じようにガンになることが多くなってしまいます。すべての原因が霊障のためというわけではないのですが、そういったことも原因として考えられるのです。

◎まず、自分が光輝くことです。自分が光輝けば、おのずとその光は周りに波及し、良い影響を与えていくようになります。私が毎月行なっている寺子屋では、光の出し方、浄化の方法、徳の積み方などを詳しく教えています。

6. 浄化

今の自分の生活環境、性格は、過去世から現在に至るまでの想いがつくりあげてきたものです。人間は誰でも、二十四時間、守護霊様と守護神様がつねに守ってくれています。人が、いろいろな体験を通して、本来の光輝く存在になるために、力を貸してくれているのです。

この世は想いの世界であって、宇宙の法則から逸脱した誤った想いや、過去世から現在の想いを仏教では業《ごう》と呼んでいます。この業を浄化しなくては、本来の自分が表に出られません。それゆえに、業を浄化するために病気になるのです。同時に、病気を通して人はいろいろなことを学びます。たとえ重大な病気にかかったとしても、永遠の命という観点から見ると、早く進化、成長させるためのことです。守護霊様と守護神様が病気という形で業を浄化しているのです。

◎守護霊様と守護神様に感謝をして、お任せしましょう。浄波良法は、施術者の守護霊様と守護神様と、受け手側の守護霊様と守護神様が一体となり、応援する良法です。すべては必ずよくなるという意識をもちましょう。

7. 二人の自分の不一致

人間には、頭で考える外なる自分と、心で感じる内なる自分が存在しています。たとえば、食事をしていたとして、もうお腹がいっぱいと感じるのが内なる自分であって、もったいないから無理して食べなくてはいけないと考えるのが外なる自分です。このとき、内なる自分の声を聞かずに、外なる自分を優先して行動してしまうと、後にお腹を壊してしまったり、下痢をしてしまったりします。この二人の自分の不一致を続けていくと、いずれ大きな病気をつくってしまうのです。

◎内なる自分の声に耳を傾け、その声に従いましょう。感覚する自分は神様だと思い、大事にして尊重し、心の波を荒らさないように気をつけて生活していくのです。つねに内なる自分に相談し、話しかけていくように心掛けていけば、いつか必ず真の自分と出会うことができます。

8. 想念

病気になりたくないという日頃の想いが積み重なって、ちょっとした症状にとらわれ、不安をもつようになってしまいます。症状のある箇所を過剰に気にすることで、よけいに毒素を集めてしまい、病気をつくってしまうのです。

ネガティブ思考でいることも同じです。学校に行きたくない、会社に行きたくない、人に会いたくない、病気になると周りから優しくしてもらえる、自分の殻に閉じこもりたい、そういう気持ちが病気をつくるのです。本人はそう思ってなくても、無意識に感じたりする、その想いが蓄積されると病気となってしまいます。

◎とらわれないことです。人生で出会うさまざまな出来事や、トラブルにもとらわれないでいましょう。とらわれないでいるのは難しいことですが、自分の不都合なこと、嫌な出来事、不安な想いがでてきたら、自分のなかのマイナスエネルギーが出て、消えて行くのだと思い、全ては必ず良くなるのだと思い、プラスエネルギーを体のなかに入れていきましょう。あきらめず、人生を磨くのだと考えて、とらわれない練習をしていきましょう。必ずコツがつかめます。

9. 教え

病気になることにより、人は進化向上し、成長していきます。

私たちは、自分の魂を磨き、与えられた使命を全《まっと》うするために生まれてきたのです。病気を通して、健康への感謝、生き方の修正をする、または、いろんな意味で気づきのチャンスが含まれます。病気や困難をきっかけとして与えられているのです。

◎一人で静かに過ごす時間をつくって、今までの自分と向き合い、自問自答していきましょう。

◇あらゆる治療のサポートになる浄波良法

残念ながら、現代医学は「自然治癒力」を引き出すという考えかたをベースにしていません。病んだ患部を発見して、その細胞を取り除くことができたとしても、あるいは目に見える症状をスピーディに改善できたとしても、症状の奥にある不調和をつくり出した原因を探ることは重要視していないのです。

私はけっして、現代医学を否定するわけではありません。私も病気になれば、医師のお世話になりますし、体調を崩せば薬を服用することもあります。薬の即効性はすばらしく、非常にありがたいと思います。その恩恵も十分に受けています。

大切なのは、治療や薬が自分の自然治癒力とどう協力しあえるか、ということです。自分のなかの力をうまく活かすことができていれば、それ以上薬に頼る必要はありません。薬も過ぎれば毒となるという言葉どおり、頼りすぎるのは、逆に自然治癒力の働きを鈍らせることになります。それぞれの役割を理解していけば、薬・

浄波良法をうまく使いこなすことができます。浄波勉強会では、こういった理解を深めるための講話も行っています。

病に苦しむ人にとって、本来の健康を取り戻せるのなら、その方法や手段はどんなことでもかまわない、というのが本音です。世のなかには様々な療法があり、人によって効果が出やすかったり、出にくかったり、どうしても相性があるものです。

だからこそ、どんな療法であっても基本にしなくてはならないのは、自然治癒力の働きをさまたげないかどうかということです。

それゆえに、あらゆる治療のプロセスに浄波良法を取り入れることが、必ず助けになると確信しています。ただし、これでなきゃダメだと、一つのことに固執し、偏《かたよ》るのは、かえってアンバランスな状況を招きがちです。薬の良さ、西洋医学の良さ、東洋医学の良さ、それぞれのメリットを見極めて、上手に利用することが健康への近道です。

治療家の立場から見ると、それぞれの治療にはそれぞれの役割がありますから、いろいろな医療や療法が協力しあって、足りないところは補い、それぞれの得意分野をカバーすることで、多くの人を救えると考えています。これからの時代は、そうあるべきなのだとも思っています。

病院には病院の役割があり、浄波良法には浄波良法の役割があります。病院が嫌いだとか、薬を飲みたくないとか、目に見えないものは信じないとか、偏った考えかたが不自由を生み、苦しみを生み出してしまいます。薬には薬のメリットがあるし、西洋医学にも東洋医学にもそれぞれのメリットがあるでしょう。浄波良法もそうです。それぞれのメリットを理解し使いこなしていくことができれば良いのです。その判断をするにはやはり、自然治癒力や病気に対する理解を深めることが大切になってきます。

人に与えられた本当の寿命である第三の定命まで生きるために、医師とよく相談し、薬をきちんと飲んで、辛いときは浄波良法で自然治癒力を引き出して楽になってください。それでも心身が辛いときは、私が主催している勉強会があります。苦しみ少なく生きるために、ぜひいらしてください。

同じ環境で生活していても、または同じウイルスに感染したとしても、病気を発症する人と発症しない人がいます。それは持って生まれた体質や、治癒力の強さの違いによるものです。

病気を引き起こす原因が、たった一つということはまずありません。先ほど挙げたように、悪い生活習慣、偏った食事、ストレス、考えの癖や性格、あるいは因縁や霊障といった魂レベルの影響など、様々な原因が複雑に組みあわさって、心身の不調和が生じるのです。

浄波良法は、「個々の病気の原因はその人の身体にしかわからない」というところからスタートしています。さまざまな療法を学び、本物を追求し続けた結果「なにが原因なのか人知ではわからないから、あとはすべてを知っている本人の細胞に任せましょう」という、失敗することのない浄波良法にたどり着きました。宇宙円光エネルギーを降ろすことにより、不調和（マイナス）な状態の細胞は本来の戻るべき調和（ゼロ）の方向に動き、心と身体の歪みが正され、結果として病気の症状が改善されていくのです。

宇宙の真理に沿っていれば、病気は自己の治癒力によって治っていきます。「最高の名医は自らの内側にある」とすべての人々が気づいて、その力を十分に活かしてほしいと思っています。

◇自然治癒力を鈍らせるマイナスエネルギー

私たちはなぜ病気になるのでしょうか。身体が健康な状態から、バランスを崩してしまうのはなぜでしょうか。自然治癒力の観点から考えてみましょう。

想像してみてください。私たちは日常生活を送るなかで、周囲の環境からの様々な汚れを、知らず知らずのうちに受けています。肌についた汚れは不快な臭いを発生します。そのときに、汚れや臭いを洗い流すことをせず、消臭スプレーを使って、臭いだけを消そうとしたらどうなるでしょう。

臭いは、消臭スプレーで一時的に消えます。でも、それはたんに臭いをごまかしているだけのことです。汚れや臭いは皮膚の表面に残ったままですから、しばらくすると、そのうえにさらに汚れがついて、ますます強烈な臭いになってしまいます。その臭いを消すためには、より強い消臭スプレーが必要になるでしょう。

この臭いと消臭スプレーの関係は、私たちの身体にあらわれる様々な症状と、それを解消するための治療や薬の関係にそのままあてはまります。

現代社会がストレス過多であるということは、まず誰にも異論はないと思います。自分を成長させるためのプラスの刺激として、適度なストレスは必要なものですが、それがあまりにも大きすぎて、緊張状態が長く続くと、身体だけでなく心にも多大な負荷を与えてしまいます。

日常生活を送るうえで、日々小さなストレスは溜まるものです。それをうまく解消できればいいのですが、放っておくとどんどん蓄積していきます。そういったストレスや、夜更かし、睡眠不足といった生活の乱れによって、体内リズムが狂い、自律神経の正常な働きを阻害します。また、食べ過ぎたり飲み過ぎたりすると、消化器官が無理を強いられ、他の臓器へも影響していきます。

一日中座りっぱなしのデスクワークで、首や肩がコチコチになり、腰が痛い、首が痛い、頭が痛いという人も多いでしょう。一〜二時間おきにストレッチを心がけるだけで、筋肉の緊張を解きほぐすことができます。ところが、多くの人は、それが良いとわかっていても身体を動かしません。あまり歩かず運動不足になると、次第にエネルギーは滞り、細胞がますます硬直してしまいます。

このように、毎日毎日なんらかの形で、私たちはマイナスエネルギーを蓄積しています。そんな身体の内側ではなにがおこるのでしょう。

まず、骨格の歪みが生じていきます。歪みが生じると、細胞の配列が乱れ、気の流れが滞ってしまいます。つまり、自然治癒力がスムーズに働かなくなるのです。免疫力の働きもにぶくなるため、ウイルスや細菌に弱くなり、ちょっとしたことで体調が悪くなるわけです。

このような、マイナスエネルギーの蓄積が多い状態では、症状に対して薬を使用しても、その効果があらわれにくくなっています。すると、今まで使っていた薬では役に立たず、さらに強い薬を、もっと重い症状を消すための強力な薬を求めるようになってしまうのです。

薬も効いているうちはいいでしょう。たとえば、便秘で悩む方の場合、お腹が張って苦しい状態のときに、便秘薬を使うとすぐにその状況から抜け出せますから、とても楽で便利ですね。

でも、薬で排便を促すということは、腸は本来の働きをまったくしていないことになります。そうなると、腸は働く必要がなくなるので怠けてしまい、次第に働きが鈍くなり、いずれ薬にも慣れ、いままで効果があった薬も効かなくなります。すると、病気を引き起こす原因は増える一方です。そしてより強い薬が必要になるわけです。強い薬ほど、身体に負荷がかかるため、健康な細胞までもがダメージを受け、更に原因は深くなってしまいます。

このような状況を繰り返していくと、自分で自分の身体を治す力は、ますます弱くなっていきます。その状態が長く続けば、ある日突然、深刻な病気を発症してしまうこともあるでしょう。

そうなってしまっても、腸はもう正常な動きをしないし、薬も効かないような状態では、簡単に回復しないのはわかりきったことです。ついには、複数の病気になってしまうといった、マイナスのスパイラルにはまってしまうこともありえます。

症状があらわれたら、それを消すために薬を服用し、医師の技術によって治療する。しかし、症状を生み出した原因は残ったままなので、しばらくしてまた症状があらわれ、それを消すためにより強い薬に頼り、手術で表面的に症状を取りのぞく……。

こうしたことを何度も何度も行っているのが、現代医療の現状です。これは「勝つ」か「負ける」かという二元対立の世界です。二元対立の世界は、迷いの世界、戦いの世界です。どこまでいっても救われません。

私はけっして現代医療や薬を否定しているわけではありません。あまりにもそれに頼りすぎて、もともと自分の内側に備わっている最高の機能を忘れてしまうことが問題なのです。受ける側の意識の問題といってもいいかもしれません。なにかに偏りすぎず、医師と充分に話し合い、薬もうまく使って、自分の身体と向きあいながら、バランスよく取り入れることが大切です。

医師や薬に百パーセント頼りきっているかぎり、自然治癒力は発揮するチャンスがないままです。自分から治ろうとしない身体になってしまい、いつまでたっても自立できなくなってしまいます。私は大勢のガン患者さんに会ってきましたが、ほとんどの人が、薬に依存することで治癒力を発揮しないまま、身体がどんどん怠惰になって、やがて薬が効かなくなって、痛みで苦しむ人を何人も見てきました。

まずは、本来の自分の力を目覚めさせること、これが最優先です。浄波良法は、本来の力を引き出して、その身体が自立できるように導くやりかたです。親が子供の勉強をかわりにやってあげたり、いろいろ身のまわりのことを世話していては、いつまでたっても子どもは自立できません。身体もそれと同じです。

自然治癒力を磨くという基本を整え、そのうえで薬や癒し手の力を上手に使えば、病気の治癒がすみやかになります。スムーズに健康を取り戻すことができるはずです。

自然治癒力を目覚めさせるしくみ

① 普通はその症状に対して薬を服用したり、人の手を借りて、その先生の技術によって治療してもらったり、食事の改善によって治そうとします。

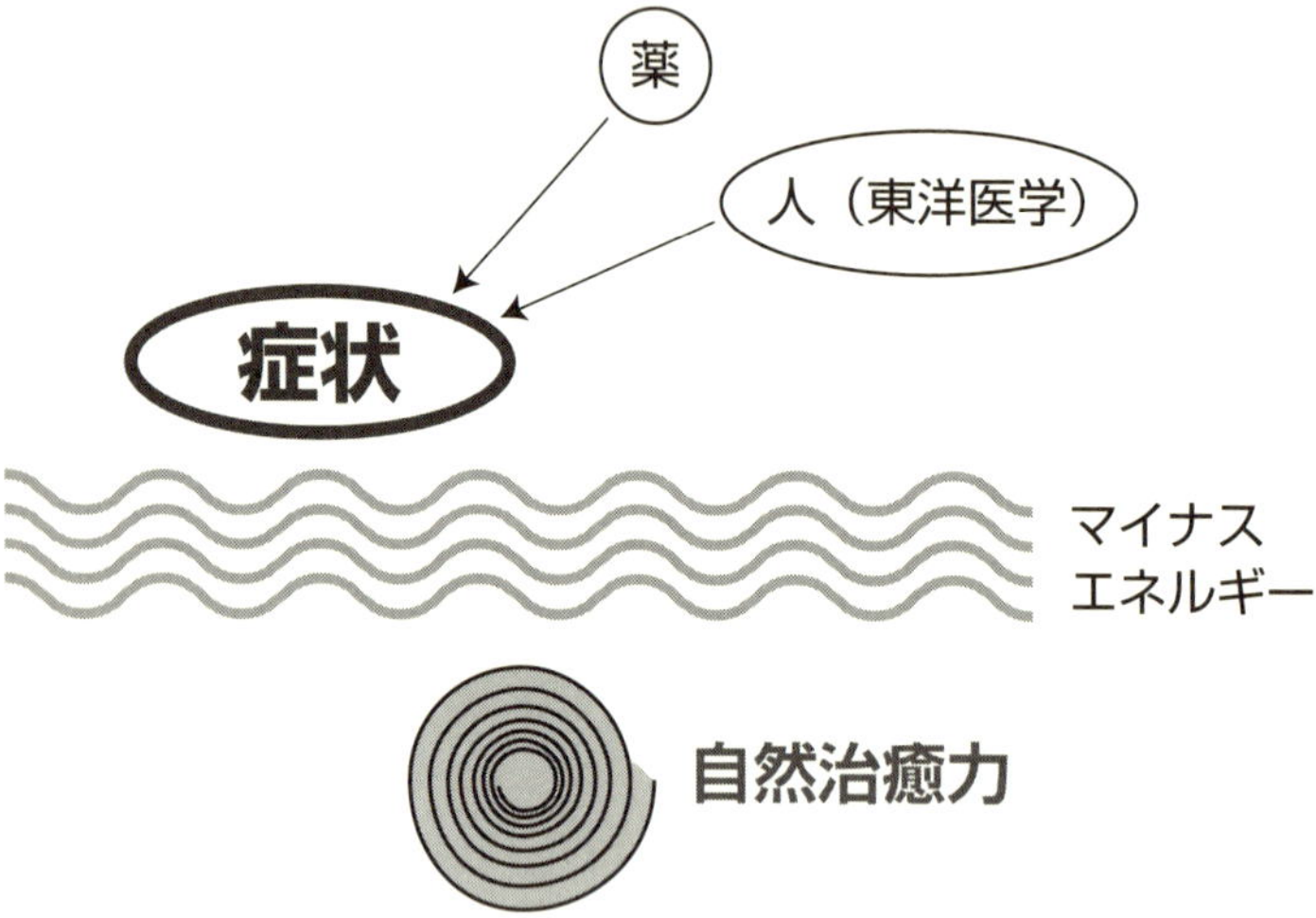

マイナスエネルギーとは

- 生活習慣の乱れ
- ストレス
- 運動不足
- 霊障
- 食生活の乱れ
- etc

② それによって症状は治まり、抑えられていきます。
ですが、自然治癒力の目から見ると、マイナスエネルギーは消えてはおらず、肉体的には骨格の歪み、細胞の配列の乱れなどの原因となっていきます。

③ 自然治癒力は、仙骨を中心にいつも回転を繰り返すことによりリズムを作っています。しかし、生活する中で様々なマイナスエネルギーが発生し蓄積していくと、マイナスエネルギーが自然治癒力の回転数をにぶらせ、リズムを狂わせていくのです。結果、体の骨格が歪み、それに準じて細胞のバランスも乱れ、各機能が低下し、症状となってあらわれてくるのです。

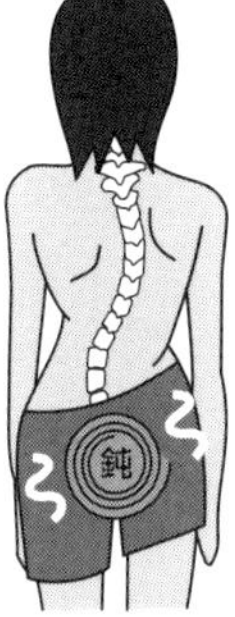

マイナスエネルギーが
残ったままだと…

自然治癒力の回転がにぶり…
徐々にマイナスエネルギーが蓄積され
さまざまな症状となってあらわれてくる。

④ これをよりわかりやすい形でたとえるとすれば…
誰でも、日々新陳代謝を繰り返すので、垢がでます。その垢がマイナスエネルギーです。それを洗わず放っておくと体から臭いがでます。それが症状です。臭い（症状）がなくなっても、垢（マイナスエネルギー）はついたままです。それを洗わずに放っておいていたら垢は溜まるばかりであり、さらに強い消臭スプレーが必要となってきます。

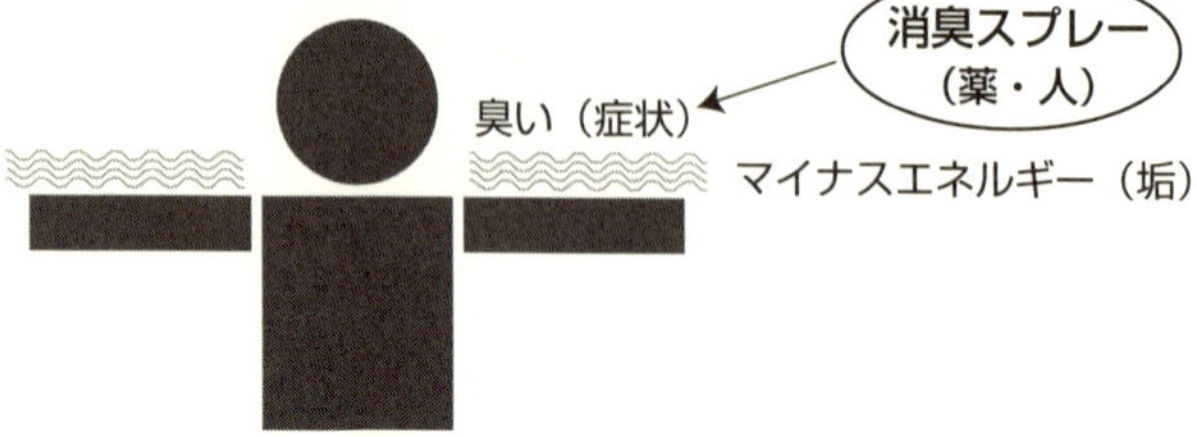

⑤ 一日一日小さなストレスは溜まるでしょうし、大きなストレスもあるかもしれませんし、夜更かしもするかもしれません。運動不足でエネルギーが滞り細胞が硬直するかもしれません、または、食べ過ぎたり飲み過ぎたりするかもしれません。
このように、日々我々はマイナスエネルギーを溜め込んでしまうのです。

そのマイナスエネルギーは、自然治癒力という機能に影響をおこし、働きをにぶらせています。

その結果として例のような対処をくり返しています。

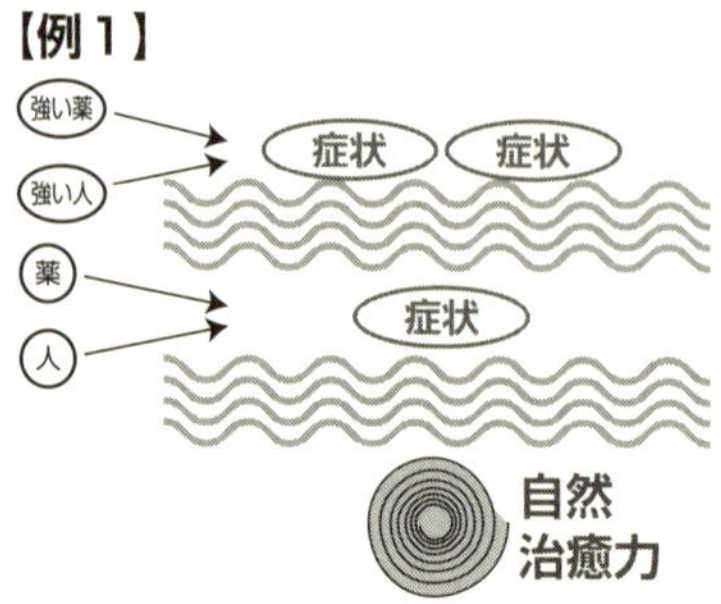

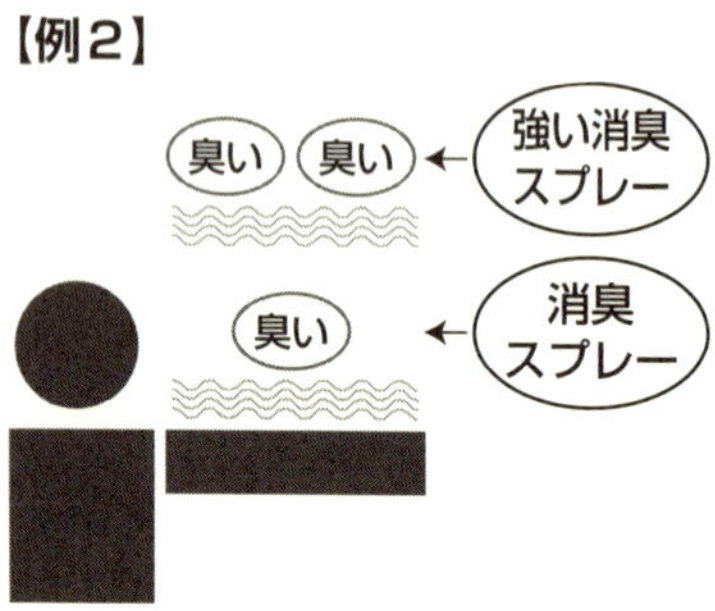

⑥ これらを繰り返すことにより、どんどん自然治癒力は弱まり、症状も増え、薬や人の力が効かなくなってくるので、強い薬や強い人（力のある人）を探し求めるようになるのです。

これこそが、勝つ・負けるを繰り返す二元対立の世界です。

二元対立の世界は迷いの世界、戦いの世界です。

薬や東洋医学を否定しているわけではありません。薬も使いよう、東洋医学も使いようです。ただ、偏りすぎて本来の自分の最高の機能を忘れ、他に頼りすぎる事が問題なのです。

たとえていうなら、便秘薬です。自分の腸の働きを使ってではなく、薬の力で排便しているので、腸はなまけてしまい、いずれは薬は効かなくなっていきます。そしてより強い薬が必要となっていきます。これを続けていけば、どうなるかは明白です。薬が悪いわけではなく、自分の機能を目覚めさせ、うまく人なり薬を使えば良いと提案しているのです。

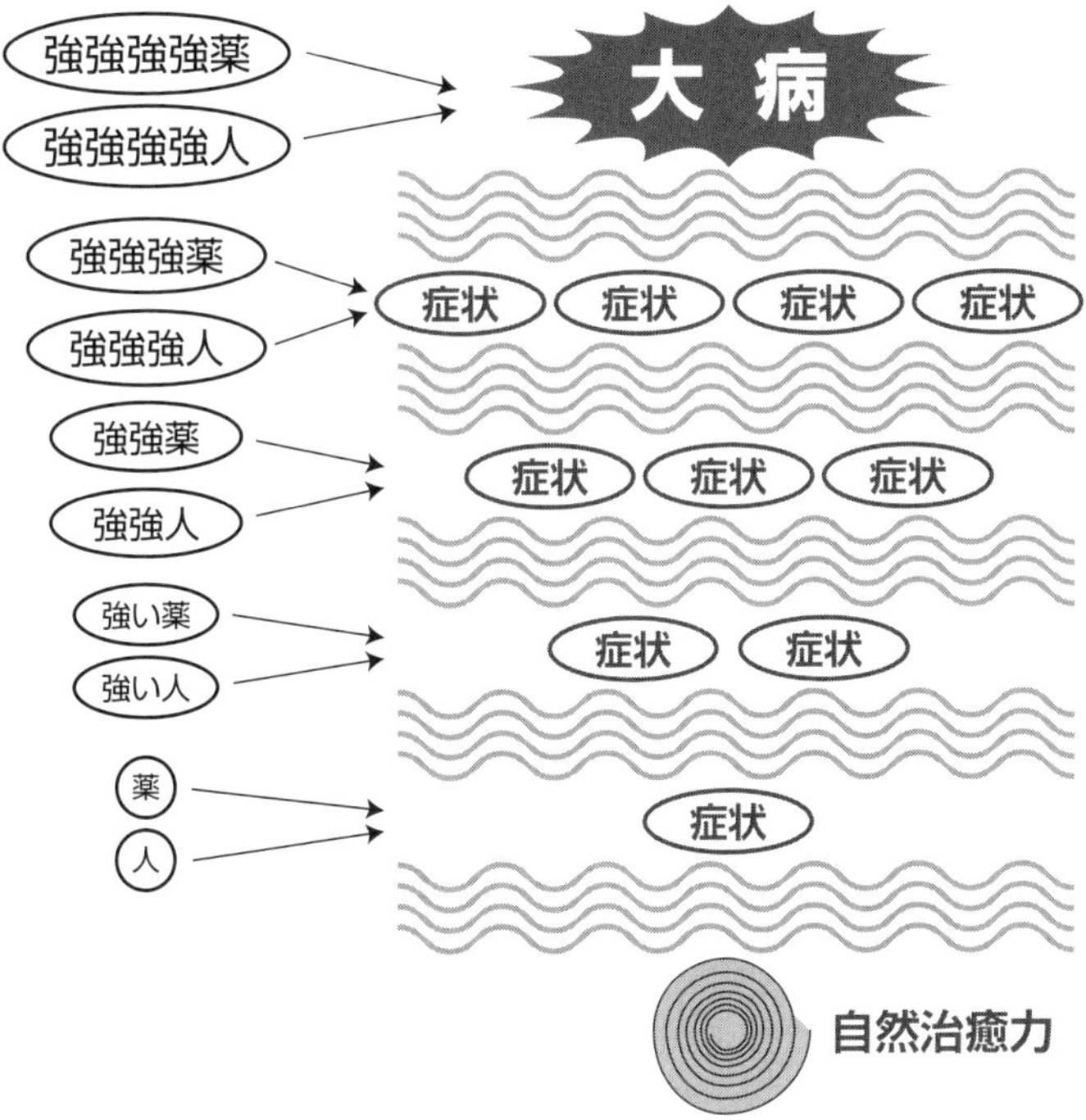

⑦ そこで浄波良法では、マイナスエネルギーの黒雲のなかを、一瞬にして光を自然治癒力の源である仙骨につなげていきます。そして、目覚めさせたあとは自然治癒力に任せるのです。図解であらわすと左の図のようになりますが、写真で撮影すると右の写真のようになります。

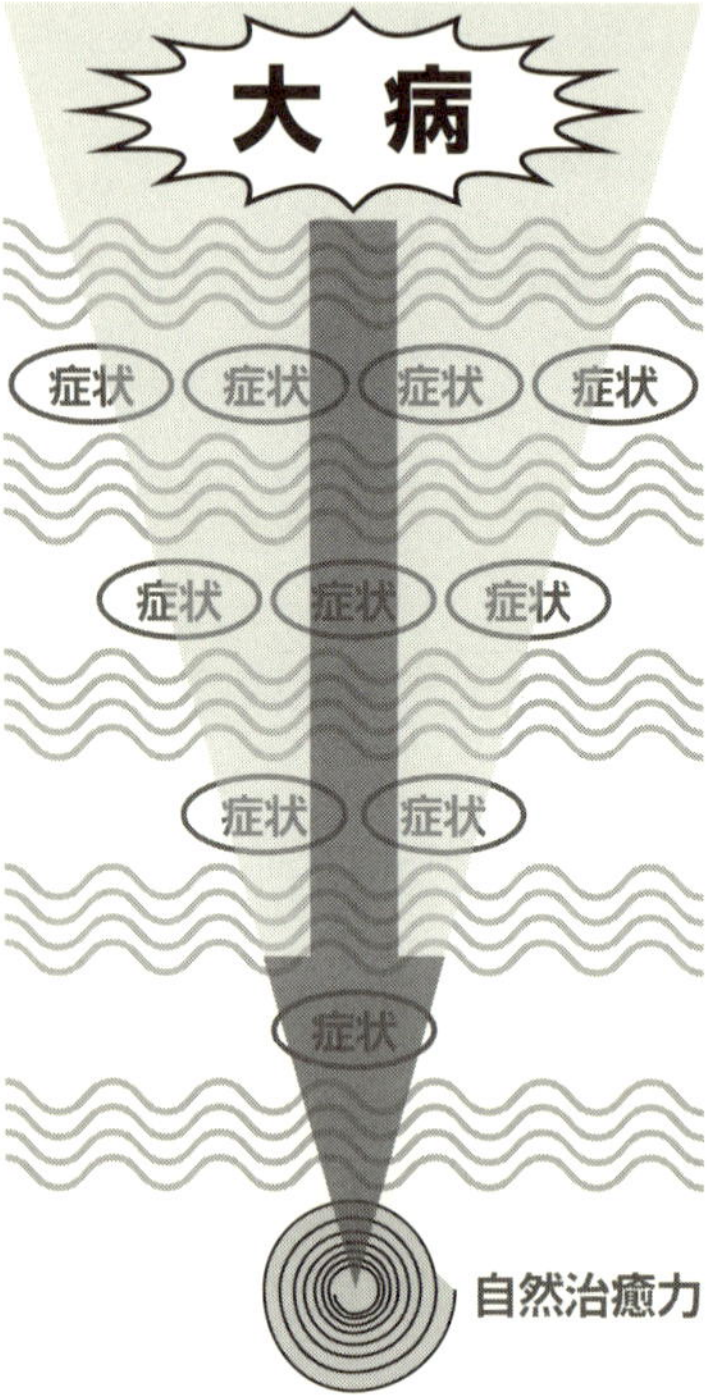

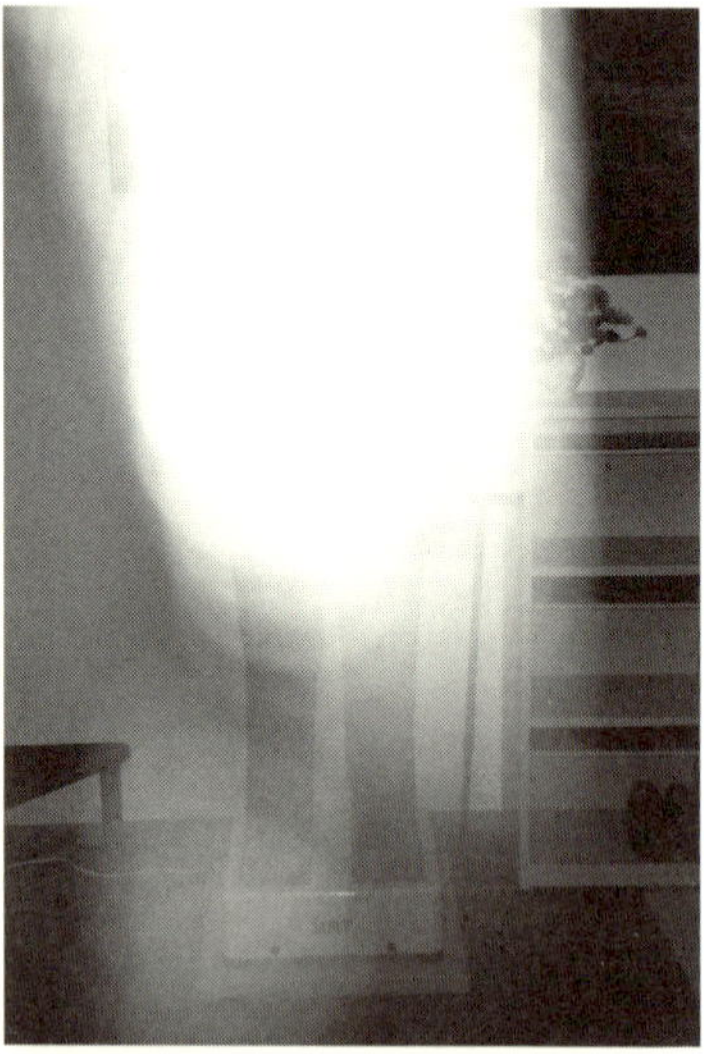

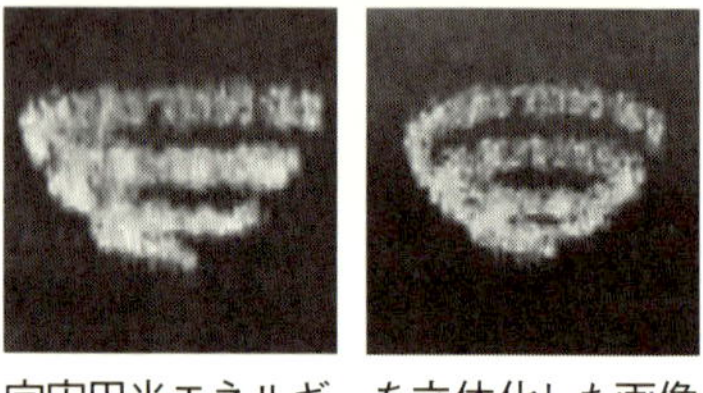

宇宙円光エネルギーを立体化した画像

⑧ 結果、仙骨から調和のエネルギーが信号として
脳に伝達され、マイナスエネルギーが消えます。
その証拠として、圧痛点の痛みが消えます。
図解であらわすと左の図のようになりますが、
写真で撮影すると右の写真のようになります。

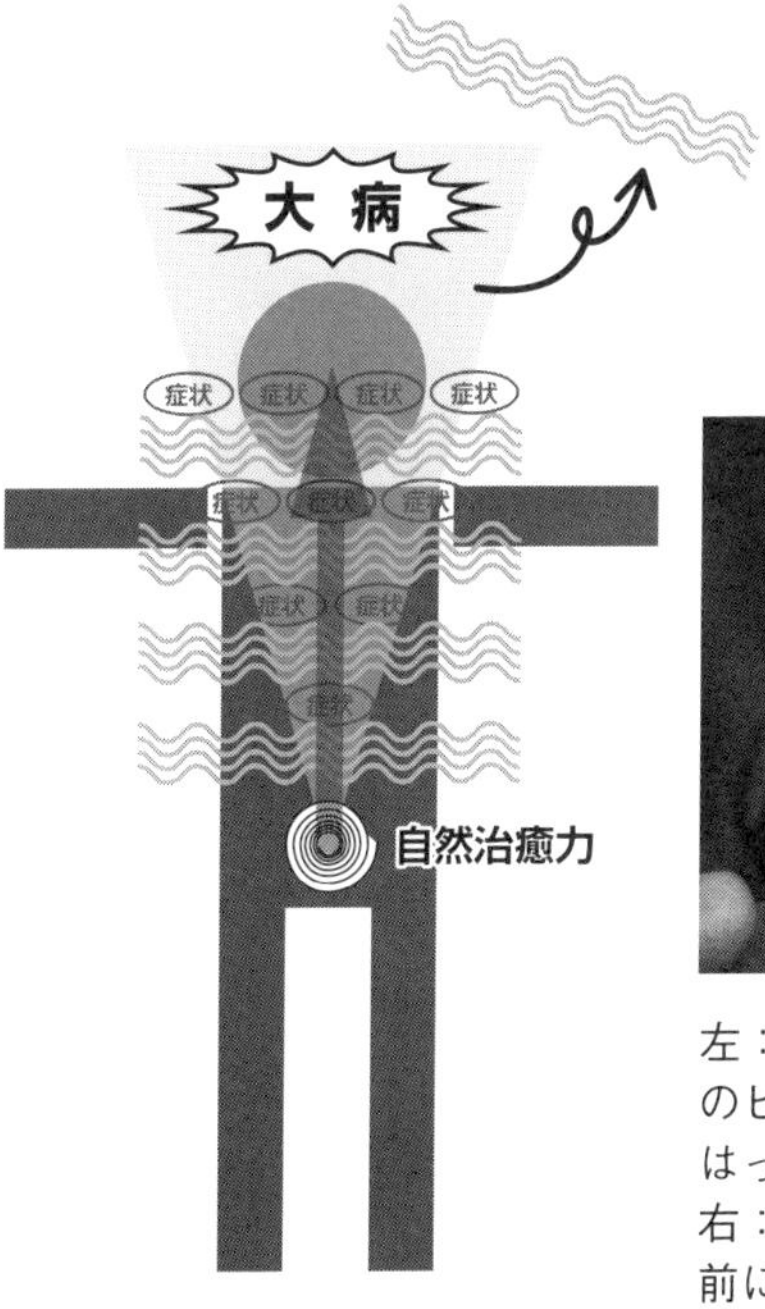

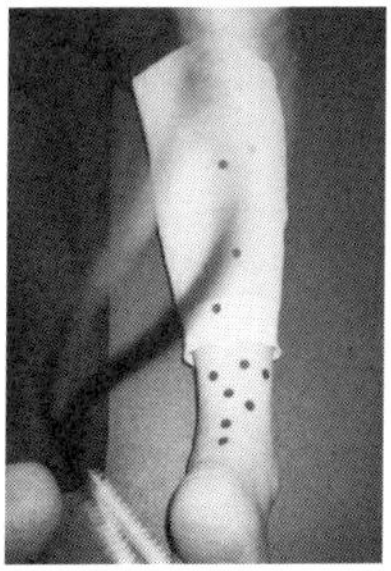

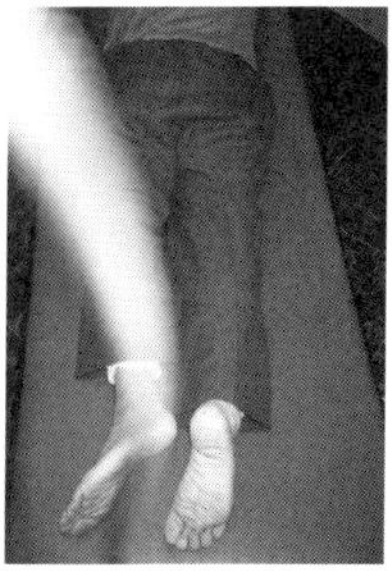

左：浄波良法を受ける前の写真。白と黒のヒモ状と化したマイナスエネルギーがはっきりと映っています。
右：浄波良法を受けた直後の写真。施術前には白と黒のヒモ状であったマイナスエネルギーがきれいな白い光になっています。

◇浄波良法が自然治癒力を目覚めさせるしくみ

人間の身体の骨格のなかでも、仙骨は生命力の要です。人体の中心に位置していて、上半身と下半身を繋いでいる重要な骨であり、その証拠に、人体模型で仙骨を動かすと、連動してすべての骨が動きます。代用がきかない唯一の骨であり、「仙人の骨」と書くように、古くから仙骨には潜在能力が眠っているといわれてきました。

この仙骨こそが、身体の自然治癒力を司る部分です。仙骨の動きが鈍ると骨格が歪み、生命エネルギーがスムーズに全身に流れていきません。

私たちの身体が健康な状態であれば、仙骨ではつねに渦のようにエネルギー（生命を司るエネルギー。「気」ともいう）が回転しています。その回転によって勢いづいたエネルギーが、全身の細胞すみずみに、気の流れとして循環することで生命活動を維持しているのです。

ところが、自然治癒力の働きが鈍ってくると、このエネルギーが回転する力を失ってしまいます。そこで、浄波良法を使い、宇宙円光エネルギーを降ろして、仙骨に直結させていきます。

仙骨にスイッチを入れて、エネルギーの回転を再び速めさせていくのです。エネルギーは、同じ質のものが共鳴しあうのが特徴です。宇宙根源のエネルギーという、この世のすべてを良い方向へ導く調和のエネルギーが、私たちの身体のなかにも存在しています。それが、仙骨で渦のように回転するエネルギー、つまり自然治癒力なのです。仙骨はいわば、身体のなかにある、宇宙に広がる調和のエネルギーの貯蔵庫です。私たちの身体は「小宇宙」のようだといわれますが、まさにその通りで、外側にある大宇宙と私たちの内側にある小宇宙は一体になっているのです。

自然治癒力は、つねに回転を繰り返すことで、リズムをつくっています。仙骨を中心に自然治癒力が正常に働いていると、渦のように回転する力によって脳に信号が送られ、脳から脊髄を通って身体全体に癒しのエネルギーが波及していきます。

身体の六十兆個の細胞すべてに、調和のエネルギーが運ばれていくのです。

浄波良法は、エネルギーの共鳴現象を利用して、すみやかに癒しの流れをつくり出す方法です。私の役割は、マイナスエネルギーが渦巻く黒雲のなかに宇宙円光エネルギーを瞬時に降ろして、仙骨と繋げるというものです。共鳴が起こって自然治癒力が目を覚ませば、後は身体が本来持っている「良い方向へ向かおうとする力」自然の働きに任せます。内なる動きに任せることによって、失敗がなく、毎回百パーセント成功します。それが浄波良法の一番すばらしいところであり、信頼できるところです。その確認として、圧痛点の痛みが消えることを体感していただくのです。

浄波良法において、目に見えない部分を皆さんにお伝えするうえで、私は施術中の状態を写真撮影することを試みました。それが次ページの写真です。宇宙円光エネルギーが仙骨に舞い降りて、共鳴が起こる様子をはっきり確認することができます。光と仙骨を繋げた証拠です。それにより、自然治癒力が引き出されていくのです。

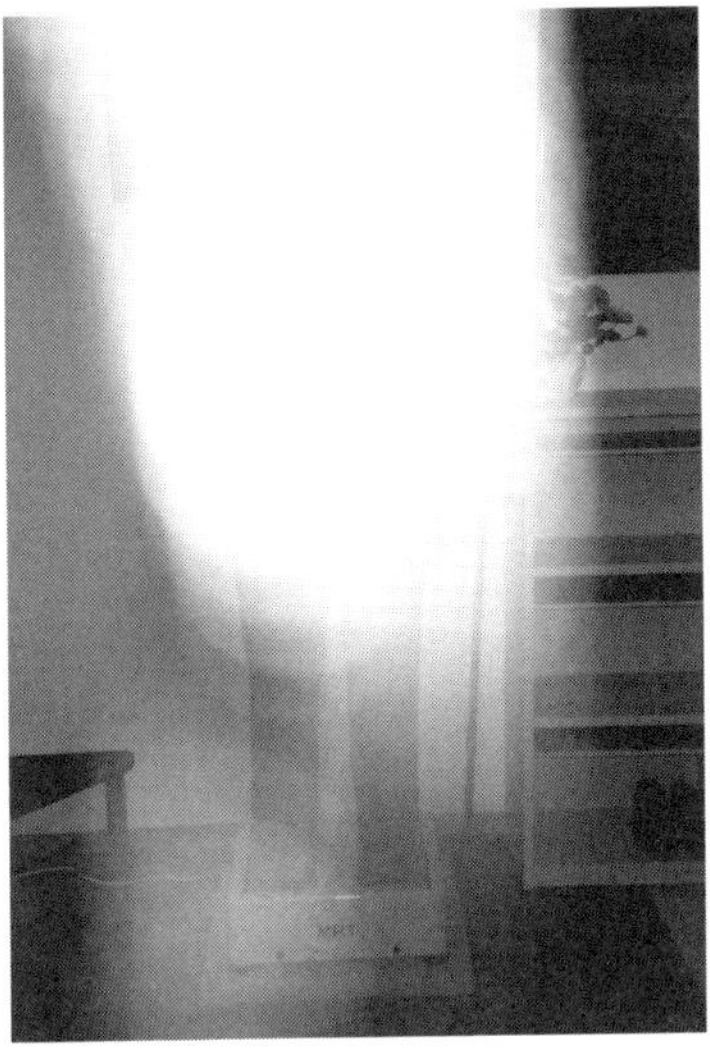

浄波良法は仙骨にエネルギーを降ろし、自然治癒力を引き出します。
エネルギーが本当に降りているのかどうかを、私だけがわかっているのではなく、誰にでも目に見えてわかるようにしなくては意味がありませんので、施術中の写真を撮影しました。
これを、三次元化（立体的な図）して、この写真の分析をした人がいます。
すると、私が長年唱えていたように、この光は渦のように螺旋を描き回転していることが証明されました。

【立体化した写真】

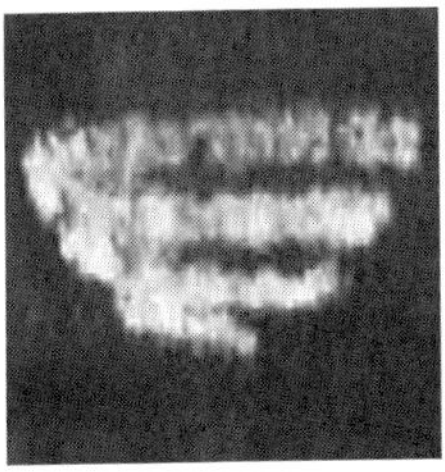

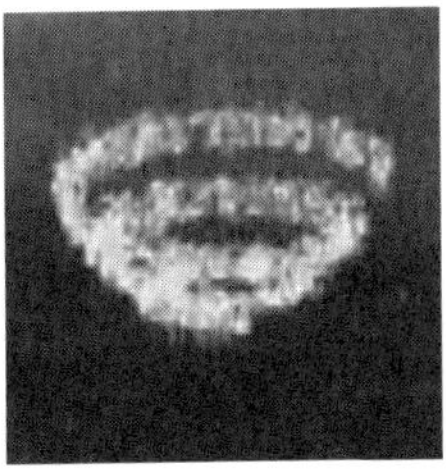

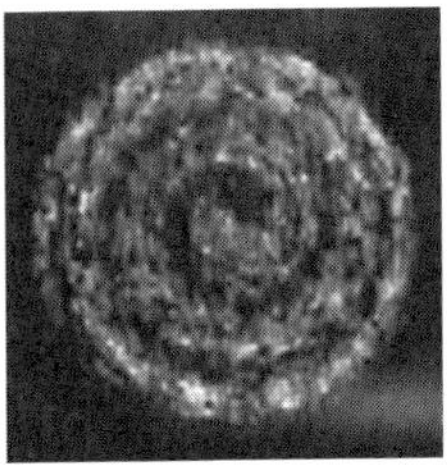

仙骨は、人間の中心に位置していて、この仙骨を動かすと全身の骨が連動して動きます。目に見えませんが、ここではエネルギーが渦のように回転し、調和のエネルギーを脳に送り続けているのです。それがマイナスエネルギーによって阻害されると、体に支障が起きて、そのまま放っておくことにより、蓄積され、症状（病気）となってあらわれてくるのです。

・目に見える肉体として、仙骨が本来の力を発揮し、自然治癒力が高まり、全身の歪みが調和し、治癒力・回復力・修復力が病気の部分を癒していきます。
・目に見えない部分では、エネルギーが渦のように回転し、調和のエネルギーを脳に送り続けているのです。

浄波良法は、目には見えない宇宙根源のエネルギーを介して、私たちの身体の一部である見えないエネルギーに働きかけるものです。

浄波良法は、本来信じるとか信じないというような類のものではないのですが、誰にでも納得していただけるような写真を撮影したり、科学的に解析したりと、目に見える形での「証明と確認」をしています。

◇身体を使って体験することが真の学び

宇宙の万物は、すべて固有の周波数を持ち、振動しています。これは宇宙の基本ともいうべき真理です。目に見えない宇宙根源のエネルギーは、もっとも周波数の高い微細なエネルギーであるのに対し、目に見えて触れることができる私たちの肉体は、最も周波数が低くて粗いエネルギーです。

私たちは皆、この三次元という地球に、肉体を通して学ぶために生まれてきました。一人ひとり魂に備わった課題があり、その課題をクリアしてさらに魂が成長するために、必要な環境や条件を選んで誕生し、今の人生を送っています。魂にとって、肉体という制限があるなかで学んだほうが、成長の尺度が大きいわけです。

本を読んだりテレビを見たりして、知識を得ることも学びです。でも、それだけでは人生の収穫にはなりません。身体を使って体験から学ぶことが加わってこそ、真の成長が得られます。精神と肉体、両方で理解することが、真の学びとなります。

人生で、困難なことに出会ったときこそ、魂の大きな成長のチャンスです。自分の意識で自覚していなくても、魂のレベルでは、「この困難を乗り越えて成長しよう」と自己設定したチャレンジの機会なのです。

そのような意識を持てば、「病気になったことにも意味がある」と理解できるはずです。自らの生活や思考の癖を改め、生きかたを変えてより軽やかになるために、人生にいったん立ち止まって、リセットするきっかけを与えてくれています。

そのことに気づいて、感謝の思いを抱いたとき、自然と病気や症状は消えていくのです。そのことを、私は多くの患者さんのケースから学ばせていただきました。

誰もが死に向かって生きている。これは紛れもない事実です。また、残念ながら多くの人々が、天寿を全うできずに最期を迎えているというのも事実です。

現代社会は、昔よりもはるかに病気の種類が多くなり、難病で亡くなる人も増えています。天に与えられた命の火を、最後まで燃やしきることなく力尽きてしまう人がなんと多いことでしょうか。

肉体を通して学び、成長することを決めてきたにもかかわらず、すべての課題をクリアできずに天へ還ってしまうのは、とてももったいないことです。

私は折にふれて、皆さんにこうお伝えしています。

「神様の贈り物である自然治癒力を磨いていくことで、第三の定命《じょうみょう》まで自分を生かしましょう」

神様は私たちに自然治癒力を持たせて、人間界への旅に出してくださいました。これを、親と子供の関係にたとえてみましょう。

親（＝神様）は子供（＝私たち）に、お金（＝自然治癒力）を渡して、「たくさん学んでくるんだよ」と旅に送り出します。しかし、子どもはお金を持たされていることに気づかず、旅の先々で人からお金を借りています。親からお金を持たされていることを忘れ、なにかあるたび、人から安易にお金を借りてしまうという連鎖の波に巻き込まれていくのです。結果は見えています。これを人と病気でいうなら、自然治癒力の存在を忘れ、安易に薬を飲み続け、反省もしないまま強い薬を求めてしまい、連鎖の波に巻き込まれていくということです。

外側に力を求め、自分の内側の力を使うことがないまま、すっかりその存在を見失っている……。それがつまり、自然治癒力が働いていない、現代の私たちです。

そこで浄波良法は、「あなたは無限なる力（お金）を持っているのです」と教えて、使えるように導いているのです。

自然治癒力は無限です。

「外なる仏を求めず、内なる仏を求めよ」

お釈迦様のこの教えは、あらゆることに通じるものです。私たちは真実に目覚め、他に頼ることをそろそろ卒業する必要があるでしょう。自分の力を発揮して生きていく時代が、もうすでに来ているのです。

第三章　苦しまない生き方

◇病気や痛みは異常を知らせ、気づきを与えてくれる

ありとあらゆる病において、必ずと言っていいほどあらわれる「痛み」。痛みは、肉体に起こった異常に対する反応であり、注意を知らせるサインです。

本当は痛みとしてあらわれる以前に、身体にはなんらかの兆候があったはずなのですが、それに気づかないまま過ごしていると、「身体のどこかに異常が起きていますよ」と痛みが教えてくれます。見て見ぬふりをしてきても、自分自身と向き合わざるを得ない状況をつくり出してくれます。

気づきを与えるサイン、警告という意味で、痛みはなくてはならないものです。もし身体が痛みを発しなくなってしまったら、私たちは、身体の異常に気づくことすらできなくなってしまいます。

痛みがそうであるように、病気もまた、私たちに気づきを与えるものとして、この世に存在しています。病気になってはじめて、人はようやく立ち止まり、健康に

ついて、幸せについて、仕事について、生きかたについて、人生について、自分自身について、いろいろと考えをめぐらせます。

自分はなんのために生まれてきて、なにをこの人生で成し遂げたいのだろう。

心から幸せな人生を歩んでいるといえるだろうか。

この先、どう生きれば、満足のいく最期を迎えられるのだろうか……。

そんなふうに、本気で自分自身と向き合い、対話をはじめるでしょう。病気になったことをきっかけに、そのための時間を与えられます。私たちは、身体にあらわれる痛みや病気を嫌うのではなく、本当なら「教えてくれてありがとう」と感謝すべきなのです。

実際、病気になったからこそ、健康のありがたみがわかったという人も多いものです。「ありがとう」の反対は「当たり前」です。この世に生を受け、いろいろな体験をして学んでいることが、本当はありがたいことなのですが、いつしかそれが当たり前になって、感謝を忘れていないでしょうか。

家族や環境、仕事、友人など、すでに必要なものが与えられていることに気づき、あらゆることに感謝できるようになった人は、自分らしく生きることの大切さや人生の本質を知り、それまでの生き方や考え方をシフトしていきます。普通の人生を歩んでいたのでは、なかなか気づかないことです。ましてや、生き方を変えることなど、簡単にはできないものです。

病気になること、身体に痛みを感じることは、その人の魂の成長に飛躍をもたらす、有意義なものです。

とはいうものの、いくらそれが真実であっても、痛みが好きな人、病気になりたい人は、まずいません。それが気づきだと、そう思える人はいいでしょうが、苦しみはできれば避けて通りたいと思うものです。

肉体的な痛みが続くことによって、気持ちが落ち込んだり心が疲弊して、ますますネガティブな状況に陥ってしまうでしょう。

逆に言うと、痛みを取り除いてあげることができたら、それだけで人は心が軽くなり、身体の緊張がほぐれて、希望が持てます。不安や恐怖といったマイナスエネルギーを、感謝というプラスエネルギーに変えていくこともできます。

自分の愛する人が苦しんでいる姿を目のあたりにしたとき、多くの人はその当人と同じくらい、苦しい思いをするものです。「できることなら代わってあげたい」と、愛情が深ければ深いほど、そんな思いが湧いてくるのも自然なことです。もしそのときすぐに痛みを消すことができれば……自分自身も楽になり、苦しみから救われるのです。

様々な薬は、即効性という意味ではとても優秀ですが、それも自然治癒力が働いてこその効果です。かつて病院で働いていたときに、抗ガン剤という強い薬を何度も投与された患者さんの身体が、だんだんと自然治癒力が働かなくなり、薬が効かない状態に追い込まれていくのを、幾度となく目にしてきました。

もはや痛みを抑える薬も効かず、壮絶な苦しみに耐えるしかないという患者さんに、私は「なんとか楽になってもらいたい」という思いで、必死に浄波良法の施術を行いました。すると、浄波良法を受けたことで、その方はまず痛みから解放されて楽になり、気持ちが前向きになれたのです。さらに繰り返し浄波良法を行うことで、次第に治癒力が回復し、症状がゆるやかに改善していったり、また薬が効くようになりました。

なかには、ガン細胞が消えたり、小さくなるというような、西洋医学では奇跡とされる状況を経験する人もいました。内なる力が目覚めて、生命が輝き出す瞬間を見せられるたびに、私は「人間の力はすごいなぁ」と感心し、その力のすばらしさを患者さんから改めて教えてもらいました。

私たちの身体は、自然治癒力が目覚めると、全身の細胞が動き出し、おのずとバランスの良い状態へ変化していきます。その結果としてあらわれるのが、「圧痛点の痛みが消える」という現象なのです。浄波良法は、痛みを消すのが目的ではありませんが、身体が良い方向へ向かった結果として、「痛みが消えている」とご本人が体感することになります。

これは、施術を受けた本人の身体で認識できる感覚です。私の力がいっさい関与しないのに痛みが消えるというのは、まさに自分自身の内にある力であり、それこそが真理です。

このように、変化をその場で確認できるのが浄波良法のすばらしさです。これまで何万人という人々に浄波良法をおこなってきましたが、九割以上の方が「施術後に圧痛点の痛みが消えた」と感じています。その事実こそが、この良法の効果を立証しているといえるでしょう。

◇体得すると役に立つ「痛みを消せる」技術

浄波良法の一番の目的は、本来の自然治癒力を目覚めさせることであり、痛みが消えるのは付加価値的なものです。自然治癒力にスイッチが入り、身体の状態が良い方向へ向かったことのあらわれとして、痛みが消えるのです。

それは、身体に蓄積していたマイナスエネルギーが解消し、歪みが整った証拠でもあります。表面に見える結果よりも、身体の内側に起きていることのほうがとても重要なのです。

ある医師から、こう言われたことがあります。

「現代の医学は進歩しているから、薬で痛みをコントロールすることはできるんだよ」

しかしそれは、いわば感覚的に痛みを感じさせないようにすることであり、意識を眠らせるだけのことです。麻酔と一緒です。私は、そういうことを目指したわけではありません。

「人間は必ず死を迎える。では人としてどう最期を迎えるか、そして第三の定命まで生ききるためにはどうするか」

そのことをつねに自問自答しながら、浄波良法を開発してきました。

人は病気になると、不安や恐れの気持ちが大きくなるものです。身体のどこかに痛みがあると、さらに心の余裕がなくなり、自分だけが不幸に感じられて、人の優しさを素直に受け取れなくなります。怒りの感情が増幅し、そうかと思うと、すべてを悪い方に考え、生きる気力も低下していきます。

痛み止めの薬は、痛みを抑えているだけだと理解しないといけません。けっして治っているのではありません。しかし、自分の自然治癒力で痛みが消える場合は、抑えているのではなく、治しにかかっているということです。もちろん、痛み止めの薬が効くことはありがたいことだと理解しています。ここでご理解いただきたいのは、もし、この痛み止めの薬が効かなくなったらどうするのかということなのです。そんなときに役に立つのが浄波良法です。一家族にひとり、浄波良法ができるようになれば、これほど心強い味方はいないと思います。

そして人生の最期は……できるだけ痛みや苦しみがない状態で、意識をちゃんと保ったまま、愛する人に感謝と別れを告げ、あの世へ静かに旅立つ。それこそ、死を迎える瞬間の理想の姿ではないでしょうか。身体中にチューブを繋がれた状態で、肉体的な生命活動をながらえることができたとしても、家族と心を通わせることもなく、さよならも言えず、チューブを外したら終わりというのでは、なんと虚しく寂しい最期かと思うのです。

人間は歳を重ねるほどに、自然治癒力の働きがにぶくなってきますので、身体のあちらこちらに痛みが生じたり、病気にかかることも避けては通れません。高齢化が進む近年、介護を必要とするお年寄りも増えています。当然ながら、介護を仕事にしている人、あるいは家族を介護している人も非常に多いわけです。

皆さんのなかにも、家族の介護をしている人がいらっしゃることでしょう。介護する立場にとっても、浄波良法は役立つと確信しています。腰が痛い、足が痛いという声を聞いたその場で楽にしてあげることができるのですから。また、事故や病気療養後のリハビリにも生かしていけるはずです。

私自身の経験からも、医師や治療家、看護士など、癒しに携わる人々がこの技術を持つことで、患者さんをいち早くケアできると確信をもって言えます。

そして、あなた自身が痛みを消す技術を体得できたなら、一番身近な家族はもちろんのこと、多くの人々をすぐに助けられるようになるのです。

◇自らの身体に感謝する

現代は、誰もが一つや二つ、心身の不調を抱えているのが当たり前の時代です。疲労が溜まっているのに熟睡できない、つねに同じ体勢で仕事をしていて肩こりがひどい、心にひっかかりがあって気が休まらない……。そんなふうに、身体がいろいろな形でSOSを出しています。ところが私たちは、そんな身体の声に耳を傾ける余裕がありませんし、耳をかたむけようとする意識を持つのは容易ではありません。

そうして身体からのSOSを無視し続け、なにもせずに放っておいた結果、ある日突然、病気が発覚したり、ぎっくり腰になったり、高熱を出したり、頭痛と吐き気で起きられない、ということが起こるのです。そこでようやく、「こんなに身体が悲鳴をあげていたのか」と気づくわけです。

本来であれば、身体になにか異常が生じると、「治そう治そう」という力が自然に働くものです。けれども、感覚がにぶってしまっている人の多くは、「治そう治そう」としている身体の声を聞くことができず、また、思考や観念が邪魔をしたり、魂・精神・体のバランスの乱れから治癒力を働かせることができずにいます。

そこで、浄波良法によって、自然治癒力の基盤となっている仙骨にエネルギーを降ろし、その結果、これらすべてのバランスが自然と整い、健康な状態に戻るのです。その人の分離している頭と本質の身体を繋いでいきます。そのジョイントの方法こそが、浄波良法です。浄波良法は治療ではありません。光を仙骨に共鳴させて、治癒力のスイッチを入れる良い方法、すなわち良法なのです。

そのスイッチの入れ方を体得していただくために、浄波良法勉強会を開催しています。凝り固まった細胞を動かして、生命エネルギーの流れをつくっていく人になるための勉強会です。体験から学ぶことで、自身の身体の声に耳を傾けるコツを体得していきます。自分の身体の声を聞くことができるのは、自分自身以外にはいません。アンバランスな状態に陥った身体を良い方向へ導くことができるのも、あなたしかいないのです。

自分の身体の声を聞くこと、無理をしないこと、疲れは早めに解消して、蓄積しないように心がけること、つねに肉体の細胞に感謝を向けること。日頃からそうやって過ごすことが、心と身体の健康につながります。

「聖なる身体にベタベタさわるな」
そう言って、お釈迦様は弟子たちに、人間の身体の大切さを教え諭しました。
光り輝くダイアモンドであっても、やたらに触れれば、皮脂や汚れが表面について
たちまち輝きを失ってしまいます。大切なものを扱うときは、丁寧に優しく触れて
いかなくてはいけません。私たちの肉体も同じように、大事に、丁寧に扱うべきだ
と、お釈迦様は教えているのです。
あなたの肉体は、この地球で様々なことを体験させてくれる、魂にとっての大事
な器《うつわ》です。肉体があるからこそ、いろいろなところに足を運び、人と出会い、交流
したり、美味しいものを味わったり、映画を見て感動したり、スポーツで汗を流し
たり……心が躍動し、よろこぶことを経験できます。
唯一無二の大事なものとして自分の肉体をとらえ、扱うこと、「ありがたい」と
感謝することが、第三の定命につながります。
人の身体には六〇兆個の細胞があり、その一つひとつに意識があると言われてい
ます。それらの細胞が絶妙なバランスで連結しながら全体を構成し、一瞬たりとも

休むことなく活動し、あなたの肉体を生かし続けてくれています。その細胞に対して、一度でも「ありがとう」と感謝したことがあるでしょうか。

あなたは日頃、どんな言葉を口にしていますか？　誰かに対して、「あの人はあそこが悪い」「だから嫌いだ」などと批判ばかりしていないでしょうか。あるいは自分に対して、「ダメだ」「無理だ」「できっこない」と、否定的な言葉をひんぱんに言っていませんか？

もっとお腹の贅肉がなければとか、足がもう少し長ければとか、あるいは目がもっと大きかったらとか、たいていの人は、感謝どころか、自分の身体に向かって文句ばかり言っている人がほとんどでしょう。

自分のこぼす愚痴や不平不満は、自分自身の六〇兆個の細胞がすべて聞いています。たとえ声に出さなくても、心のなかで繰り返しつぶやいていればまったく同じことです。

日本語では、昔から「言霊《ことだま》」というものがあります。私たちが放つ言葉には霊力があります。プラスにもマイナスにも作用するエネルギーそのものなのです。

自分や他人に向けて吐き出す言葉が、愚痴や不平不満というマイナスのエネルギーであれば、それを日々聞かされている細胞はどんどん元気を失っていき、マイナスの状態に傾いていきます。

マイナスのエネルギーに傾いた状態では、けっしてプラスのエネルギーと共鳴を生みません。自分のことを否定している人は、まずその意識を変えることが大切です。自分に自信がなく、人と自分を比べてばかりいる人、あるいは完璧主義の人は、自分に対して評価が厳しくなりがちです。「あるがままの自分でいいんだ」と認め、「よく頑張っているね」「その笑顔がいいよ」と、自分に対して優しい言葉を意識的にかけてあげることからはじめましょう。

浄波良法の癒しを学ぶうえで、「目に見える部分＝肉体」と「目に見えない部分＝精神」との両方の存在を理解することは非常に重要です。ポイントは「調和のエネルギーの共鳴」です。

自然治癒力を目覚めさせ、仙骨に共鳴を起こさせるためには、意識のゼロの力と、肉体のゼロの力を一つにすることが肝心です。意識のゼロの力と肉体のゼロの力が一体となったとき、初めて仙骨（自然治癒力）が共鳴し、本来の力が目覚めます。目に見えない部分に関しては、本書や、過去の私の著書を何度も読んでいただくことで、ある程度、自然治癒力に対する理解と共鳴が生まれると思います。一方で、目に見える部分に関しては、肉体を通して学ぶ必要があります。

自分の身体を使って何度も体験し、身体で習得しなくてはいけません。そのためにも勉強会という機会を設け、一緒に身体を動かしながら、皆さんの内側を目覚めさせていく方法をとっているのです。

◇自分のなかに自然治癒力という光があることを認める

本書の冒頭で、私はこう尋ねました。

「あなたの大切な人が、突然苦しみ出したら、あなたはどんな行動をとりますか？想像力を広げて、シミュレーションしてみてください」

実際にイメージしてみていただけましたか？
頭で理解するのと、体験するのとでは、理解の度合いが明らかに違います。だから実践はとても大事なのです。浄波良法の勉強会では、この実践を、時間をかけて行っています。自然治癒力のすばらしさについての講話もありますが、頭での理解は月日が経つと忘れてしまいがちです。しかし、勉強会での実践練習を繰り返し行うことで、身体はずっと覚えていることができます。

六〇兆個の細胞を目覚めさせるきっかけを与えるのが、勉強会の一番の目的です。つまり、一人ひとりの身体を通してエネルギーを確認し、肉体的な体感を通して学んでいくのです。

勉強会では、参加者の皆さんが、自分の身体にもともと備わっているすばらしい機能を再認識することを最も重要視しています。自分のなかに自分の想像をはるかに上回る力があることを身体で感じて受け入れ、意識で認めてあげることが確かな力になるのです。

人間には、頭でいろいろ考える自分と、二十四時間休まず内臓を動かし続ける内なる自分がいると考えましょう。内なる自分を無視して、飲みすぎたり食べ過ぎたり、痛めつけたりしてはいけません。なぜなら、この内なる自分こそが、仏教でいうところの仏であるからです。悟りは外にあるものではなく、自分の内にあるのです。自分の内なる声にどうか耳をかたむけてください。

意識をポジティブにするように心がけましょう。ネガティブ思考でいると、マイナスエネルギーが出るため、自然治癒力の働きが妨げられ、力を発揮できなくなってしまいます。ポジティブになると自然治癒力と共鳴を起こし、力が増大していくのです。

◇病気の方へのメッセージ

重い病気になってしまったら、自分を解放するようにつとめましょう。病気に抵抗しようとする思いから離れ、自分を許し、受け入れるのです。なぜだろう、なんでこんな病気に自分がなってしまったのだろう、と思ってしまうでしょう。病気を責めたり、あの時にこうしておけばよかった、あんなことしなければよかった、などという後悔の思いも持ってしまうでしょう。それらの思いを一旦手放してみるのです。時間がかかるかもしれません。簡単にはいかないかもしれませんが、それでもやってみましょう。

そして、自分が信じているもの、真理だと思う本を読み、朝起きたら、自分は完全なる健康体だと宣言しましょう。言葉を発することにより、脳に指令が行き、自然治癒力が上がっていきます。

ゆっくり鼻から息を吸って、宇宙エネルギーの光が身体のなかに入ってくるイメージを描きます。病気になった部分がその光によって溶けていくようにイメージしてください。息を止め、必ず良くなると言い聞かせたら、口からゆっくり息を吐きます。吐くときには、身体の毒素が全身の毛穴から出ていくイメージを描きましょう。

毎日、これらのイメージをできるかぎり鮮明に思い描くのです。イメージは原形をつくり、身体に影響を与えます。イメージによって、身体は重くもなり、軽くもなります。

日々の生活では、なるべく自分の好きなことをするように心がけましょう。自分の気持ちを自由にし、開放することです。なににもとらわれないことです。人間はなにかあると、その問題にすぐとらわれてしまい、エネルギーをそれにばかり注ぎ込んで、運気を悪くさせてしまいます。のんびり構えていましょう。病気を大事に抱えて、とらわれてしまわないように。

なんでも深刻に考えて、過度に治療しすぎることも、病気悪化のもとです。

自然治癒力をアップさせる意識を持つコツは、まず、「自分の身体は悪いことはしない」と自分に言い聞かせることです。内で働いている自分と、頭でいろいろ考える外の自分を同じにします。

辛いときは、次々に不安や恐怖に襲われるでしょう。そんなときはネガティブにならず、開き直ってしまいましょう。「人間は病気で死ぬのではない、寿命で死ぬのだから、同じ時間を過ごすなら今を楽しく生きよう！」と考えましょう。スポーツでも仕事でも、力が入りすぎると失敗してしまうように、自分でやるだけのことをやったら、気を楽にして身体に任せてしまいましょう。もっと身体を信じて、症状が出るたびに不安にならないことです。身体はもともと完全にできています。自分自身に信用されなくては、せっかくの自然治癒力もその力を失ってしまいます。

楽しみを見つけ、思いを病気から離しましょう。今はネガティブにしかなれなくても、一日に一つ、肉体のすばらしいところを見つけていきましょう。認めたことは力を発揮していきます。そして、あなたは決して一人ではないのです。自分の内にある、自然治癒力というすばらしい存在と共に生き、生かされているのです。

◇勉強会の学び1～調和の意識

病気になったとき、人はよく「病気と戦う」という表現をします。医師も、患者さんを励ます意味で、「頑張って病気に打ち勝ちましょう」と言いますし、それが病気治療に取り組むことをあらわす慣用句のようになっています。

健康的な身体を蝕んだ病気は、憎むべき敵である。その敵に真っ向勝負をして、打ち勝つことで健康を取り戻すことができる、という発想ですが、果たしてこれは真実でしょうか？　病気は憎むべき敵なのでしょうか？

どちらかが勝ち、どちらかが負ける勝負は、延々と繰り返されるだけで、真の解決に至るものではありません。「病気と戦う」という意識は、「勝ち負け」「白黒」「陰陽」という二元対立の考え方を基本としています。それが、これまでの私たちの「社会の常識」とされていました。なんの疑問も持たず、病気に勝とうと発想してしまうのはしかたのないことかもしれません。

しかし、二元対立の考え方では、なにもうまく運ばないことに気づかなくてはいけません。これからは、地球全体が愛と調和の世界になると言われています。戦わないで許すこと、責めないこと、相手と協調すること……そういう発想が、これからの時代はとても大事になります。

「今までのことは仕方がない、それもすべて受け入れて許そう。できるだけ早く元の状態に戻したい。だから、責めることはもうやめよう。すべて許し、リセットして、ここから新たにスタートしよう！」

こうした発想ができれば、人は良い方へ変わることができます。病気であっても現実に抱えている悩みであっても、まったく同じです。

勉強会で、私が決まって皆さんにお見せするパフォーマンスがあります。それが、一対三の腕相撲です。腕相撲は普通一対一でおこなうものですが、私一人に対して三人の男性を相手におこなうのです。大の大人の、しかも力のある男性ばかり三人を相手に腕相撲をとったら……はたしてどうなるでしょうか。三人を相手にしたらひとたまりもないと思います。

ですが実際は、どちらかが勝つのでも負けるのでもなく、引き分けになります。私と対戦する皆さんとの間になにが起きているのか……。実はここに起きているのは、対立でなく調和なのです。これは、合気道の世界と本質的に同じものだと言えます。

「合気道は、武術をベースにしながらも、その理念として、武力によって勝ち負けを争うのではなく、合気道の技を通して敵との対立を解消し、自然宇宙との『和合』『万有愛護』を実現するような境地に至ることを理想としています」（Wikipediaより）

私の意識は、相手と戦おうとしているのではなく、その反対で、相手の神意識である調和に繋がろうとしているのです。宇宙根源の調和のエネルギーによって、「相手と繋がろう、調和しよう」と瞬間的に精神を集中することで、相手の身体が調和し、動くという状況が、自然に起きてきます。

勉強会に参加された皆さんにも、「相手と繋がる感覚」を体験していただきます。それを体験することで、痛みを消すことが簡単にできるようになるからです。私の指示に従って、皆さんがいっせいに身体を動かしていくと、不思議とその場の空気が清浄になるのが感じられます。空間全体のエネルギーが一つに調和していく瞬間です。

浄波良法は、仙骨を内側から動かして、全身のエネルギーの循環をつくります。身体の細胞は無意識のレベルで働いていますから、自分の意識の力でどうこうできるものではありません。あくまでもエネルギーに共鳴させて、仙骨にスイッチを入れることで動いていくのです。

私たちの思考や意識、心の状態というものは、毎瞬毎瞬、全身の細胞にダイレクトに作用しています。ストレスを感じると、肉体の筋肉が硬直します。イヤだな、辛いなと感じている状態を改善しようとせず、ストレスを放っておくと、ますます身体は硬直していきます。たとえば、肩こりをケアせず放置していると、硬直状態が全身に広がって、頭痛や神経痛など、もっと深刻な症状としてあらわれてきます。

自然治癒力がちゃんと働いていれば、適度なストレッチや入浴で筋肉をほぐしたり、十分な睡眠をとることで、ストレスも上手に解消できるものです。しかし現代人の場合、生活習慣の乱れ、食生活の乱れ、運動不足、霊障など、ありとあらゆるマイナスエネルギーが複合的に作用し、すでにストレス過多の状態ですから、休息だけでは追いつきません。

人間の肉体の六〜七割は、水で構成されています。様々なマイナスエネルギーの影響で筋肉の硬直が生じると、全身の血液や体液、気の循環が悪くなってしまいます。川の流れと同じで、どこかに不要物が溜まってしまうと、生命エネルギーの流れはそこで塞《せ》き止められてしまいます。マイナスエネルギーの蓄積が、やがて病気を招くのです。

勉強会は、エネルギーの共鳴を体験し、細胞の動かし方、マイナスエネルギーの消し方を身体で学んでいただく場です。頭での理解と身体での理解を経て、自ら仙骨にスイッチを入れ、細胞を活性化するのです。

◇勉強会の学び2～全員が「痛みを消せる」ことを体験

二十四時間休まず活動している全身の細胞に対して、私たちはそれが当たり前だとして、ほとんど感謝することがありません。私の勉強会では、瞑想によって自分の細胞に感謝する時間も重視しています。

「私たちは生まれてから今日まで、身体に無理強いしてきました。お腹いっぱいなのに無理して食べたり、お酒を飲み過ぎたりして、胃にどれほど負担をかけていたでしょう。忙しくて休息もままならない状況に、身体が悲鳴をあげていても、その声を無視してきました。それでも身体は文句一つ言わず、二十四時間働き続けてくれています。

その自分の身体に、私たちは感謝することを忘れています。でも、感謝さえすればいいのではなく、まず詫びることが大事です。自分の身体に対して、今まで大事にしてこなかったことを、心から詫びなければいけません。感謝するのはそれからです。六〇兆個の細胞に向けて、働き続けてくれていることを『ありがたい』と、心から伝えていきます。感謝は光です。自分で意識しながら、全身を光で照らしていくのです」

勉強会の後半で、これをもとに皆さんと感謝の瞑想をします。日頃、自分に対して文句を言ってばかりだと、闇（マイナスエネルギー）が多くなります。詫びることでいったんリセットして、あらためて感謝という光を身体に注いでいくのです。

勉強会に参加した皆さんは、その日のうちに、圧痛点の痛みが消せるようになります。学んでいただいた成果がすぐに実用でき、全員が自らの体験を通して、「痛みを消せた」と実感できることを約束事としています。

これまで何百回と勉強会を開いてきましたが、今まで参加したすべての方が実際に痛みを消せるようになっています。「自分もできた。痛みが消せた」という驚きと喜びの声があがりますが、これは不思議なことでも特別なことでもなく、誰にでもできる普通のことです。自然治癒力はすべての人間に備わっているのですから、痛みが消えるのは当然のことなのです。

クッキングスクールの場合、スクールに参加すると、完成した料理を最後に味わいます。それと同じで、勉強会に参加して身体を動かして学べば、終わるころには、痛みを消すことができるという成果を味わえるのです。

自然治癒力と共鳴する方法を覚えるのが勉強会ですから、まず実践してみて、それを日常に帰って練習すればより成果が得られるでしょう。一度「できた！」という体験があると、その後、一人で練習をするときも身体が覚えていますから、どこを目指せばいいかポイントが明確になります。学んだ料理を自宅で家族のために何度もつくり、味も見た目も洗練されていくように、痛みを消す技も、何度も練習することで感覚が磨かれ、コツをマスターしていくことができるのです。勉強会に参加する回数について、七回を一つのめやすとしています。

勉強会で学んでいただいたことを、ぜひ家庭で実践してください。勉強会で体験する共鳴のエネルギーは、どこか痛いところや、不調のあるときだけでなく、日常の体のメンテナンスにも使えます。お風呂に入って汗や汚れを洗い流すのと同じように、蓄積しがちなマイナスエネルギーを、日々、光のシャワーによって解消することができるのです。やればやるほど目覚める細胞が多くなり、イキイキとしてきますから、これも一つの健康法と言えるのではないでしょうか。

毎日の浄化ができていると、自然治癒力が正常に働き、つねに気の流れがスムーズになります。勉強会に参加した方々が、学んだことを上手に活用して、家族の健康維持に役立ててほしいと思っています。

一家族に一人、家族に頼られる、家族を救える人になってもらえるよう、毎月、勉強会を開催しています。

第四章

～浄波良法を体得された方たちの気づき〈勉強会参加者の体験談〉

自分で痛みを消して楽になることがありがたい 〈五十代女性／千葉県在住〉

私は、勉強会に参加するようになって二年近くになります。浄波良法との出会いは、あるとき知人に「不思議な治療法があるの」と誘われ、治療院にうかがったのが最初でした。浄波良法を受けたことで、自分のなかにある自然治癒力のすばらしさを実感するようになりました。松本先生から勉強会があるということをお聞きして、すぐに参加を決めたのです。

初回は、自然治癒力のお話、実技や瞑想であっというまに終わってしまいました。最初のうちは、実技がなかなかうまくできずにいましたが、松本先生の「それでもいいんですよ」というお言葉にはげまされ、楽しく取り組むことができました。

勉強会に参加してから、毎晩お腹の固い部分に指をのせ、細胞を動かすことを心がけながら寝ています。そうするとお腹がぐるぐるっと鳴るのが気持ちよく、前よりもぐっすりと眠れるようになりました。今まで身体が緊張していたのでしょうね。

寒い時期は、長年続いているひざの痛みが気になるときがあります。でも、勉強会で習ったとおりに、圧痛点を探して一つひとつ消していくと、痛みが引いてくれるので大助かりです。これからも日々、精進していきたいと思います。

毎日続けるうちに父の自然治癒力が引き出された〈四十代女性／福岡県在住〉

父親がお腹の痛みをよく訴えるので、病院に連れて行きましたが、これといった原因がなにも見つからず、ただただ検査の日々でした。原因不明と言われても、痛みに苦しむ父親が心配で、なにかしてあげたいと思っていたタイミングで、松本先生の著書に出会いました。そこには「痛みを消す」と書いてありました。そういったたぐいの話は、新聞や雑誌で何度か見かけていましたが、「これは他のものと違う」と感じたのは、何度も繰り返し「私が痛みを消すのではなく、ご本人が消すのです」と書かれていた点でした。

西洋医学に疑問を感じつつ検査を繰り返していた状況をどうにかしたいと思い、治療と勉強会を受けることにしました。勉強会は、想像していた以上に、本当に勉強になりました。目から鱗とはこのことかと思うほどでした。痛みは身体からの訴えだというお話、痛みを外側からの力で取り除いたところで、原因が消えたわけではないということ……。ではどうしたらいいのか？　私が知りたかった答えがすべて、勉強会のなかで見つけることができました。

浄波良法の勉強会の一番の魅力は、説明だけでなく実技があることです。

「では実際にやってみましょう！　自分が痛みを消す一人となりましょう！」と、痛みを消すという行程を、時間をかけてやっていけるのです。説明を聞いてわかった気になったところで、なにかできなければ意味がありません。毎回実技を繰り返すことで、自信につながりました。

勉強会に参加したその日から、身体で覚えたことを父にやってみることにしました。最初は父のお腹がとても固くてびっくりしましたが、毎日続けるうち徐々に柔らかくなり、温かくなっていきました。そしてなにより、痛む回数が減っていきました。父自身の自然治癒力が働きはじめたのです。これには親子ともども大喜びでした。学んだことを日常生活で実践して、本当に家族を助けることができるなんて……。自分の直感を信じて勉強会に参加し、マスターしてよかったと心から思います。

癒し手として勉強会での学びを活かしたい〈四十代男性／兵庫県在住〉

接骨院を経営している私は、今の治療法をさらによりよいものができたらいいなと思い、勉強会に参加をさせていただきました。そこで、自分の考え方に癖があることや、知らないあいだに力む癖がついていたことに気がつきました。

松本先生のおっしゃる「ゼロの力」がどんなものなのか、最初はまったくわかりませんでしたが、実技や自分の身体を通して、少しずつですが「こんな感じだろうか」と手応えを実感しています。そしてなによりも、誰もができる簡単なやり方であることに驚いています。

接骨院を長年続けていますから、人間は生活習慣の癖で身体が歪んでしまうと理解していますし、その癖を直すのはとても大変だということも、多くの患者さんの身体から学んでいます。それが、これほどシンプルな方法で、自然治癒力を引き出すだけで歪みが修正できるというのは、常識では考えられないことです。

自分自身の力む癖、「私が治すのだ」と考えてしまう癖を、どう改善していくかが目下の課題です。

「身体は治り方、治し方を知っている」ということを、一人でも多くの人に伝えられるよう、私自身もさらに学んで成長していきたいと思います。

我が子の痛みを消せたことが母親としての自信に〈三十代女性／東京都在住〉

二人の子供を持つ母親です。上の子もけっして丈夫な方ではないのですが、特に下の男の子は、赤ちゃんのときから病気がちでした。毎月のように高熱を出し、夜中に腹痛を何度も起こし、救急車で病院へ連れて行ったこともありました。

原因ははっきりわからないことが多く、風邪や胃腸炎と言われてお薬をもらうのですが、何度も繰り返していることなので薬が効かないときがあります。お腹を抱えて痛がる息子を見て、効かないかもしれない薬を飲ませるだけでいいのかと、母親としての責任を果たせていないように感じていました。

母親としてなにかしてあげたい、痛みをやわらげてあげたい、自分にはなにができるのかと思い悩み、私は母親失格なのではないかと考えることもしょっちゅうでした。どうしてもっと丈夫に産んであげられなかったのだろうと自分を責め、同時になにもしてあげられない自分に腹が立っていました。

そんなとき友人に誘われたのが、浄波良法の勉強会でした。正直言って、最初は半信半疑でした。松本先生の言う通りに自分ができているのかもわからないまま、それでも最後には圧痛点の痛みが消えて、「いったいなんだったんだろう?」と、疑問だらけで最初の勉強会は終わりました。

家に帰り、子どもの寝顔を見ると、あいかわらずなにもしてあげられない自分に、切ない気持ちになりました。勉強会で松本先生が「やる気さえあれば誰にでもできる」と力強くおっしゃっていたのを思い出し、そこから、私の勉強がスタートしました。

気がつけば、通いはじめて一年半になります。今は、以前のように、なにもできずにおろおろしている自分ではありません。子供が「痛い」と訴えてきたら、楽にしてあげられる方法を学んだのですから。

松本先生が「大切な人になにかあったときのことを考えてみてください」と、何度もおっしゃる意味がわかりました。子供が痛みで苦しんでいるとき、浄波良法をやっていて良かった、覚えて良かったと切実に思います。大切な人の苦しみによりそい、それを取り除いてあげることができるというのは、本当にありがたいことだと思います。おかげさまで、今では家族にも頼りにされ、自信を持てています。

家族の健康を支える人が一家に一人いると安心〈五十代男性／札幌市在住〉

母親が糖尿病を患って七年になります。長い闘病生活は、本人だけでなく家族にとっても辛く厳しいものです。糖尿病による合併症もそろそろ覚悟しなければならないと、家族でも協力しあっていますが、本人は注射を打ちたくないと言ってなかなか聞きません。少しでも楽になってもらいたい一心で、食事療法をはじめ、専門の先生の診察、漢方など、試せることはいろいろと試してきたつもりです。最近は手足のしびれを訴え、背中から腰にかけて痛いような重いような感覚があると言って、夜もなかなか眠れていない状態が続いていました。

そんな状態に悩んでいたある日、たまたま松本先生の『浄波良法』という著書を本屋で見つけました。一読して惹かれるものを感じ、さっそく予約を取って勉強会に参加させていただきました。

松本先生自身も、お母様が胃潰瘍で苦しまれている姿を見て、どうにかしてあげたいという思いから治療をスタートしたと聞き、私にも母親になにかしてあげられるかもしれないという期待を持ちました。実際、そこで学んだことは期待以上のものでした。

いつのまにか毎月の勉強会が楽しみで仕方なくなり、今では「家族の健康維持は自分自身で」と考えるようになっています。勉強会で学んだことを実践し続け、母親はぐっすりと眠れるようになりました。眠れなかった時期の母親は、とても頑固で、ひどいわがままを言っていましたが、今は状態も落ち着き、笑顔が戻りました。夜眠れるようになるだけで、これだけ身体も心も変わるものなのだと実感しました。

通院先の病院で、かつての私たちと同じような境遇の家族によく出会います。松本先生がおっしゃる通り、これからの時代は一家族に一人、こうして家族の健康を支えることができる人がいると、大きな安心に繋がるのだと思います。

浄波良法は心も前向きに癒してくれる〈30代／東京在住〉

自分に自信が持てず、なんだか不安な気持ちが心をよぎる、罪悪感で胸がいっぱいになり、なんだか最近調子が出ない、自分の感情が思うようにいかない、そんな時期は誰にでもあると思います。生活しているかぎり、うまくいかないときや、自信をなくしてしまうような出来事は訪れますが、そんななかでも、自分が自分自身を最後まで信用、信頼しきる――。

これが、きっと人生を明るく切り開き、創造していくポイントなのだと思います。

最近、本来の自分でなくなっているなぁと感じていた私が、こんなふうに感じることができるようになったのは、浄波良法の勉強会を受けはじめてからです。胃の調子が思わしくなく、勉強会へ参加させてもらったのですが、そこで学んだ知識と、身体を使った練習を自分の生活に取り入れることで、お腹を触ったときの固さがゆるみ、心にひっかかっていたものも同時に解放されていきました。

自分自身の体は、どうしたら良い方向に向かうのか、元に戻っていくのか、すべてを知っているのだという理解は、松本先生の書籍を読んだり、勉強会での先生の講話を学ぶだけでなくて、体感してこそ深まるものだと感じました。このような体感を幾度となくしているのに、またさらに今日、自分自身の体の力、自然治癒力のすばらしさを痛感しています。

これだけの力を持っている自分を、私自身こそ愛し、信頼しなくては、他人を愛し、他人から愛され、他人を信頼し、他人から信頼される人間になれるはずもありません。前向きな思考が蘇ってきました。自分に内在する自然治癒力は、肉体を治癒するだけでなく、心をも前向きに癒してくれるのですね。

すばらしい自然治癒力と、この施術方法（浄波良法）を編み出し、勉強会を通して幅広く教えてくださる松本先生に、感謝の気持ちしかありません。

おわりに

私は、一家族に一人、浄波良法ができるようになることを望んでいます。これは、私自身の経験から思うことです。私が十代のころに母親が胃潰瘍を患い、私はいつも、母が痛がって苦しんでいるのを見てきました。

母は、私が浄波良法を完成させるまで、計十四回も胃潰瘍を繰り返したのです。もちろん、母親本人も辛く苦しかったことと思いますが、同様に息子である私も、不安と心配でいっぱいでした。母親が痛みで苦しむとき、いつも、「どうしたらいいのだろう……なんで薬が効かないんだ」と、いてもたってもいられない気持ちでいました。

そして、母親が胃潰瘍による出血で入院検査をすることになったとき、その検査結果を聞くのは十八歳の私でした。悪性か良性かの宣告を待つ……今でも、あの緊張感、心臓がドキドキする感覚を忘れられません。医師から良性だと聞いて一時は安心しましたが、母は痛みで苦しむままでした。何度も胃潰瘍を繰り返していたために、薬の効きが悪く、ほとんど効き目がなかったのです。

入院中、看護師さんは、洗面器を持って母の背中をさすってくれていましたが、私たち家族はただその姿を見ているだけでした。見守るだけしかできない自分……。痛みが消えて、治ってほしいと願うばかりでした。

そのような気持ちを持ちながら、私は僧侶となり、宗教の教えを学ぶようになりました。その勉強のなかで胃潰瘍は心因性のものであると知って、母親に対して、性格を改めるようにと責めつづけたのです。しかし、私の言葉が原因でまた母がお腹を痛めてしまうという悪循環になってしまいました。いったいどうしたらいいのかわからず、自分を責め、自分の無力さを感じるばかりでした。

言葉だけしかかけてやれない自分……結局はそれで人を責め、苦しめていたのです。そのことに気づいたとき、私は教えを説くことをやめました。自分が本当に人を癒すことができるまで、下手な説法はやめよう、たとえそれが真実であろうと、その人には真実でないかもしれない。かえってそれが重みになって、治癒力を低下させてしまうかもしれないと思ったからです。

私はお寺に生まれ、人の死を間近に感じ、家族の病気の苦しみを感じながら育ってきました。そして、薬で病気が治ってくれれば有難いと思うようになり、苦しみ少なく死んで行きたい、またその手助けができるようになりたいと自然と思うようになりました。ですが、現実はそう簡単にはいきません。病気で苦しんで死ぬ方が多いのが現実ですし、死にいたらない病気でも、薬が効かず、苦しみながら生きていく方が多いのも現実です。

そんななかで、一家族に一人、自然治癒力を引き出しながら、痛みを消すことができる人がいたら、どんなに心強く安心するかと心から思うのです。

あと何年したら地震が起きるとか、火山が噴火する確率など、テレビや雑誌でたくさんの予言や予測などを目にします。しかし、これまで私が言ってきたことは、他の予言や予測より、もっと起こる確率の高いことです。なぜなら、人間は病気で亡くなる確率がとても高いからです。

浄波良法はまた、ガン、難病・内臓疾患だけではなく、妊娠しているときの症状、リハビリなどでも役立ちます。誰にでもできるこの浄波良法を身につけないのは、もったいないと思うのです。

痛みを消すことの重要性と、人間の持っている力の偉大性をご理解いただいて、痛みを消す癒し手が家族に一人でもいれば、どれだけ家族にとって心強いかを知っていただき、ぜひ皆さんにそういう人になっていただきたいと、念願しています。

この本に出会って、一人でも多くの人が、長い人生のなかで、浄波良法を活用し、苦しみ少なく病気を治していけるよう、その一助になれれば、これにまさる喜びはありません。

〈巻末Q＆A〉

――皆さんの素朴な疑問にお答えします

Q：浄波良法を信じていなくても、効果は得られますか？

A：浄波良法を信じるか信じないかは効果に関係ありません。痛みが消えたということこそ、体内で自然治癒力が働いて自己修復をした証拠です。信じていなくても、実際に受けてみると、痛みが消えることに驚くでしょう。自分自身の治癒力を信じてください。

Q：痛みが消えるだけですか？

A：痛みが消えるということは、自然治癒力が引き出されたという証拠になります。また、全身の骨格をはじめ、それに準ずる細胞などが動き、あるべき位置に戻ったことを意味します。圧痛点の痛みは押さないと気がつかないので、知らないあいだに蓄積され、肉体はその蓄積を大きな固まり（病気）という形にせざるをえなくなってしまうのです。

では、どうしたら良いのでしょうか。その逆をいけばいいわけです。圧痛点をどんどん消して、病気の因を消すのです。その確認作業として、痛みが消えたかどうか確かめるわけです。消えてもまた痛みは出てきます。それは過去の蓄積ですから、また消すのです。あらわれれば消していく。原因をどんどん消していくのです。そうすることにより、自然治癒力が働きやすくなり、活性化していきます。

Q：宇宙円光エネルギーとはどのようなものですか？

A：すべてのエネルギーの本源であり、調和に導くエネルギーです。浄波良法は、宇宙の法則すべてに通じる現象に調和することを原点としています。調和の「和」は平和の「和」であり、皆で手をつなぐ「輪」に通じ、さらに「輪」は「円」であり「0」に通じます。この「0」の波動こそ、仏教の般若心経で説く「色即是空・空即是色」の境地を形であらわしたものなのです。

私の役割は、自分を0波動にしたうえで、相手の波動を円光エネルギーに合わせ、受信しやすく調整することです。病気になっている身体に円光エネルギーが流れこむと、暗黒波動に侵されていた部分が浄められ、本来の自然治癒力が働き、病気を治していくのです。

Q：一回の浄波良法で改善されますか？

A：個人差がありますが、子供や年齢の若い人のように、細胞に汚れ・マイナスエネルギー（先祖からの業、過去生から現在に至る誤った想念のあらわれ、薬毒、食物の毒）の蓄積が少ないほど、身体の修復作業が早くなります。もともと持っている自然治癒力が高ければ、一度に状況が良くなることもあります。また、年齢を重ねた人であっても、それまでに身体を酷使しなかった人はマイナスエネルギーの蓄積も少なく、本来の健康な状態に戻るスピードも速くなります。

「身体に溜め込んでしまったマイナスエネルギー＝痛み」ですから、良法によって徐々に体内に蓄積されたマイナスエネルギーを取り除くのが、基本的な浄波良法のメカニズムです。

Q：どうしても病気のことばかり考えてしまいますが……。

A：もっと体を信じてあげることです。体は完全にできているのですから、症状がでるたびに不安を起こしていくと、自然治癒力の働きが弱くなり、治りが遅くなってしまいます。肉体が自分自身に信用されていないと、治癒力の動きがにぶってい きます。自分が仕事をするとき、相手に信用されていないとしたらどうでしょうか。どうしても働きがにぶってしまうでしょう。肉体と自分とのつきあい方は、人と人とのつきあい方と同じなのです。

楽しいことを見つけ、思考を病気からできるだけ離してください。そうすることで、自然治癒力は本来の働きを取り戻していきます。

すぐに楽しみが見つからなければ、人がなんのために生きているかという、その真理を勉強しましょう。勉強していくことこそが、本来の回復力を早めることになるはずです。

そもそも、病気などはない！　のです。「えっ？」と不思議に思われるでしょうが、それが真実です。ここで私がいうところの「病気はない」とは、自然治癒力から見た観点で話しています。なんだか、禅問答のような感じに聞こえるかもしれませんが。

いったん自分が病気であると意識し認めると、あなたはその世界に住むことになります。毎日が不安と恐怖のなかにある世界です。自然治癒力はネガティブな気持ちによって弱まり、なんでもない症状にとらわれ、不安から、さらに病気をつくってしまうことでしょう。肉体に起こる症状をどうとらえるかによって、自然治癒力の働きが変わることを知らなくてはなりません。

これは、運勢とか、運命などにも通じることです。なにか不運なこと、思い通りにならないことがあると、人はすぐそれにとらわれてしまい、ネガティブな事柄を掴んで放さないでいます。くよくよ考え込み、マイナスのエネルギーを自分に注ぎ込んで、自分の運気をかえって悪化させているわけです。

運気を良くしたいのなら、身体を良好に保ちたいなら、悪く見える現象にとらわれないことです。ストレスも、まわりで起こるさまざまな出来事も、プラス思考でとらえて、良いエネルギーを注ぎ込みましょう。ノンビリ構えることが大切です。神仏からあたえられた自然治癒力という機能を理解することが、真理を理解する道筋でもあります。真理は一つだからです。

目に見えるいろいろな症状は、身体の浄化作用です。症状をことさら気にする必要はありません。もし症状が辛いときは病院に行き、薬を飲み、自分の自然治癒力をアップさせれば良いのです。

過度の治療は、かえっていろいろな病気をつくりだしてしまうと知らなければなりません。周りを見てください。病院好きな人は薬ばかり飲んで、次々にたくさんの症状をつくり出しています。手術ばかりしている人は体中が傷だらけです。はたして、病気の治療に精を出しているのか、治療しようとしながらただ身体を傷つけているだけなのか、どちらでしょうか。

自然治癒力を認めず人に治してもらおうという考えのままでいるか、自然治癒力を信じ、生活環境をあらためながら、その他の療法を理解し使いこなしていくのか、あなたならどちらを選びますか。自分の身体に責任をもちましょう。あなたがどちらを選択するのかは、あなたの自由なのですから。

Q：大切な人がガンになり、辛くて仕方ありません。

A：私が、ガンや難病の人が行くことで知られている、高知県にある土佐清水病院に勤めていたころは、副院長先生から夜中によく電話がかかってきました。患者さんが苦しんでいるからすぐ来てほしいというのです。すぐに、と言われても、自宅は病院まで一時間もかかるところにあって、駆けつけるのも大変でした。

しかし、そんな私以上に大変なのが、患者さんと家族です。私が病院に到着すると、きまって患者さんは痛みに苦しみもがき、家族はそれをどうすることもできず、ただ涙を流しています。その苦しみは、浄波良法を施し、患者さんの痛みが楽になるまで、終わることはありません。

施術しながら、この浄波良法を家族に覚えてもらえたら、患者さんも付き添いの家族も苦しまずにすむのに、と考えずにはいられませんでした。家族のもつエネルギーを、ただ心配することにだけ使うのではなく、自然治癒力を引き出す方向に使えたら、どんなにお互いが幸せになれるだろうか、と……。

そうした辛い場面をたくさん見てきて、勉強会の必要性を強く感じるようになりました。生きているあいだに病気にならない人はほぼ皆無といっていいと思います。また、人間は死に向かって歩んでいますが、その死を迎える際、病気になっている確率はとても高いでしょう。その病気とどう向き合うかを考え、苦痛を減らし、いったいどんな気持ちでいたらいいのかを考えるためにも、浄波良法の勉強会が役に立つと思っています。

Q：苦しみ少なくこの世を終えたいのです。どうしたらいいでしょうか。

A：どうか怖がらずに、死というものを考えてください。最近は、自分の葬式のプランをどうするか、あらかじめ計画をたてておく人が増えているそうです。それをすこし引き伸ばして、自分の最期を、どのように、どこで迎えるのかをまず考えてみてください。

多くの人が思い描くのは、病院で、いろいろな管《くだ》や装置につながれた、意識朦朧《もうろう》な姿でしょうか。それとも、病気の痛みに苦しみもがいている姿でしょうか。そんな状態に率先してなりたい人はいないと思います。どうせなら自宅で、なるべく苦しみは少なく、できれば家族に見守られながら、あるいは眠るように……あなたはどちらを選びますか。

おかしなことを言うようですが、安らかに死を迎えようと思うなら、現在の自分の生きかたを見直さなくてはなりません。食生活や日頃の考え方、運動などです。

自宅で最期を迎えたいと思うとき、不安を感じますか。病院にいるほうがなにかあったときに対処しやすい、その「なにか」が心配でしかたない気持ちはよくわかります。往診してくれる医師を探しても、医師はいつでも家にいてくれるわけではありません。では、家族はどうでしょうか。家族は一日中一緒にいてくれる存在です。もし、家族の誰かが浄波良法の施術を覚え、心身を癒す手伝いをしてくれたら、病気と向きあう手助けをしてくれたら…。または、家族の誰かを不安から解放し、少しでも安らかな状態にしてあげることができたなら、心細い気持ちがどんなに払拭されることでしょう。

自分のエネルギーをただ心配するだけに使うのでなく、少しでも痛みを消し、安らかに生きて、その結果もたらされる安らかな最期へと手助けしてほしいと願うと同時に、これは十分可能なことだと思っています。

Q：先生の基本的な考えについて教えてください。

A：病気になったときの生きかたや考えかたなどについて、「こう思いなさい」「こう思わなければいけない」と詳しく書いた本がたくさんあります。それを読むと、「ガンは気づきのあらわれなのだ」「ガンがあることによって生かされている」「ガンを愛しなさい」「心が病気なんだ」……そんな言葉ばかりです。

たしかにそれは真実でしょう。しかし、いくらそれが真実であっても、考えをそのまま本の言うとおりの方向に変えられる人がどれだけいるでしょうか。一瞬で考えかたを変えられる人はいません。その人の性格は、前世や、その前の前世からきているものです。それを現在の自分だけで直していくのは大仕事です。

そこで私は、自分の気持ちだけでどうにもならないことは、守護霊様、守護神様の力を借りれば良いと伝えています。背後で守ってくださっている守護霊様、守護神様に、自分の直したい部分を伝えて手助けしてもらい、変わろうという気持ちをもち続けていけば良いのです。

毎日毎日、不安や、恐怖は生まれてきます。その気持ちが出てきたら、守護霊様、守護神様に感謝しましょう。感謝は光であり、共鳴です。不安、恐怖というマイナスエネルギーを、感謝というプラスエネルギーに変換していくのです。

治療もこれと同じです。苦痛や苦難は必ず消え去っていくものです。相手の肉体のマイナス部分を指摘するのではなく、すばらしい部分（自然治癒力）を認め、引き出していきます。それを続けることで、精神もまた、知らないうちに変わっていくのです。人生は独力では乗り越えられないと知らなければいけません。

Q：家族が病気になったとき、自分ができることはなんでしょうか。

A：一番は、心配のエネルギーを癒しのエネルギーに変換することです。

家族や大切な人が病気になったら、とても心配ですね。しかし、その心配のエネルギーは、少なからず相手に悪影響を及ぼしてしまいます。看護、介護は第三者がするのがいいと言われるのは、親族が、このような感情を持つことで、目に見えない影響を相手に与えてしまうからです。心配のエネルギーが相手の治癒力の働きの邪魔をしてしまうのです。

しかし、家族を心配するなとはとても言えませんし、実行もできないでしょう。そこで私は、そのネガティブなエネルギーをすこしでもポジティブに、自然治癒力を引き出すエネルギーとして変換できるように、毎月の勉強会で身体を使って体得できるように導いているのです。

Q：自然治癒力が落ちるのはなぜですか。

A：私たちは、無限の治癒力を天から平等に与えられています。自然治癒力の源は仙骨にありますが、仙骨はたえずバイブレーションしています。回転しているコマを想像してみてください。コマが勢いよく回転しているときは自然治癒力が強く、ゆるやかなときは自然治癒力が弱まっています。

弱まる原因は、過去から現在に至るまでのマイナスエネルギーです。このマイナスエネルギーの蓄積度が多くなれば、自然治癒力の回転数はにぶり、力が落ちていきます。年齢を重ねるにしたがって、マイナスエネルギーの蓄積は増えていきます。そのため、高齢になるにつれて、なかなか風邪が治らない、疲れが取れないなどの症状があらわれるのです。

Q：病気になると、なかなかポジティブに考えることができません。

A：人間の意識は、顕在意識が五パーセント、潜在意識が九十五パーセントです。表にあらわれている顕在意識、そのたった五パーセントで、あれが好きとかこれが嫌いだとかやっているわけです。意識をポジティブに保つコツは、「自分の身体は自分に悪いことをしない」と何度でも繰り返すことです。それが、内で働いている自分（自然治癒力）と外で考えている自分（頭でいろいろ考える自分）を一致させることになります。内と外が一致していないとエネルギーが分散されて、ネガティブな意識に引きずられます。不安や恐怖がたえまなく続いてしまうでしょう。とにかく、開き直ることです。「なるようにしかならない」「人間は寿命で亡くなるのだから、同じ時間を過ごすなら、今を楽しく生きよう」と考えます。

スポーツでも仕事でも、成功しようと意気込み、余計な力が入ると失敗してしまうように、病気を治すときも、いたずらに意気込んだり、成果が出なくて悲観したりするのは回復につながりません。やるだけのことをやったら、治癒力に任せてしまいましょう。自然治癒力の働きの邪魔をしないことだけ心がけていれば大丈夫です。生き生きと、楽しく過ごしましょう。

気持ちを明るくできないときは、一日一回でもいいので、自分が楽しいと思うことを見つけましょう。一日一日の積み重ねが今の自分をつくっています。楽しい積み重ねを少しずつ増やしていけば、自然と変わっていけます。病気も性格も同じです。

意識はとても重要なものですが、いつでもポジティブでいるというのはなかなか難しいことです。なぜ難しいかというと、潜在意識が邪魔をしているからです。潜在意識には、前世からの体験や、不調和な思考・行動が蓄積しています。それを人間智で乗り越えるのは至難の技です。天はそれをわかっていて、守護霊様、守護神様をつけてくれています。お遍路さんの笠に「同行二人」と書かれているのは、お遍路の道行きを弘法大師様と歩んでいるという意味ですが、これは、人生の道行きを神様と歩んでいるという意味です。人生は一人で歩めない、いつも神と一体になって歩いていくのだという、この神様こそが、守護霊様、守護神様です。

病気を治すために、とらわれない、気にしない、抵抗しない……と、いくら考えても実践できず、悩んでいる人もいるでしょう。やろうとしてもできないことは、守護霊様、守護神様に頼って、いたらない自分を修正してもらいましょう。必ず潜在意識の中のマイナスエネルギーが消えていきます。あきらめず、継続することです。

できなくて落ち込んでいる人、それでも頑張っている人はすばらしい。頑張って努力することで、天の力が働いてくれます。自分では動かずに泣き言ばかり言っているのでは、誰も力を貸してくれません。小さな子供が、できないことに挑戦して一生懸命頑張っている姿を想像してください。倒れても起きあがろうとする姿に感動しない人はいないでしょう。力になってあげたいと思う気持ちが湧き上がってくるでしょう。神仏と人間の関係も同じです。

Q：病院に通っていますが……。

A：病気の治療をするときには、病院の役割と浄波良法の役割をよく理解した姿勢が必要です。

病院には病院の役割があり、浄波良法には浄波良法の役割があります。それぞれの役割を理解していないと、治療は行き詰まり、うまくいかなくなってしまうでしょう。「医者は嫌いだ」とか、「薬は飲まない」とか、「目に見えないものは信じない」と言う人がいますが、そういった偏った考えが不自由を生みます。

薬には薬のメリットがあるし、東洋医学にもメリットがあるし、浄波良法にもメリットがあります。それぞれのメリットを理解し使いこなすことが、苦しみ少なく人生を送るための最高の手段です。なにかに偏ってしまうと、何度も同じことを繰り返し、そのたびに、あれでも治らない、これでも治らなかった、と批判しては後悔してしまいます。この治療さえあれば病気が治る、というものが存在したなら、病気で死ぬ人はいなくなるでしょう。

人には寿命があります。第一の寿命、第二の寿命、そして第三の定命です。この第三の定命まで生きるためにも、よく医師と相談し、検査や薬を活用し、浄波良法で自然治癒力を引き出すという、柔軟な姿勢でいることが大切です。

Q：浄波良法に通いながら他の所に通ってもいいですか。

A：もちろんです。病院で治るならそれに越したことはありませんし、薬で治るならそれでいいのです。副作用が少なければもっといいですね。東洋医学でも、整体でも、エネルギー療法でも、なんでもいいのです。ただし、刺激に慣れ、中毒のようになって、それから離れられないような体質にならないように注意しなくてはいけません。エネルギー療法や気功で注意するべきところは、自分のなかに施術者の念が入らないようにすることです。念が入ることにより、新たな病気や災いを呼び寄せてしまう可能性があるからです。

家族が病気になったり、自分が病気になると、なんでもいいから治ってほしいと思います。いろいろな療法を試しては、期待し落胆する悲しみを私自身何度も体験してきました。病気になると、心に余裕がなくなり、悲観的になります。苦しみ悲しみを乗り越えていかないといけないのはわかっていても、なかなかその苦しみから抜けられなくなってしまいます。

人の心は複雑で弱いものです。私は、そんなときには安易に「これをやれば治る」などと薦めないようにしています。心を変えろとか、そういったことも言わないようにしています。自分を責めてしまうだけだからです。

できることをすれば良いのです。私の場合はそれが浄波良法ということになりますが、できることなら、治療と並行して、自然治癒力を引き出して痛みが消えることを体感してほしいと思っています。その力が自分のなかにあるのだと身をもって理解してほしいのです。苦しみ少なく第三の定命まで生きるために――。そのために私は浄波良法を考案したのです。

Q：痛みを消すとき、手をかざすのですか？

A：浄波良法はエネルギー療法と違い、手をかざしての治療は行いません。

その方の無限の力、自然治癒力に一瞬で共鳴を起こさせ、目覚めさせ、自己調整する方法です。

Q：目に見えないものは信じていないのですが。それでもできるようになりますか？

A：大切な人が痛がり、苦しがっているとき、あなたはどうしますか？　薬が効かなかったらどうしますか？

浄波良法は、そんなときに役立つ方法ですので、気楽に勉強会に参加してみて下さい。勉強会終了後には、たとえ信じていなくても、どなたでも圧痛点の痛みを消せるようになります。信じるとか信じないとかはどうでもいいことなのです。自分ができるようになればそれでいいのです。大切な人を治したい、その気持ちがあれば、誰でもできるようになります。

Q：浄波良法をはじめてから、治療効果が上がってきた気がします。

A：自然治癒力を妨げるマイナス要素が少ないと、薬などはとてもよく効くようになります。逆にマイナス要素が溜まってきてしまうと、だんだんと薬の効きも悪くなっていきます。薬も治療も、マイナス要素に妨げられることがなければ、容易に効果を得られるようになるのです。浄波良法で、自然治癒力を光のエネルギーと共鳴させることで、さまざまなマイナス要因を消し去っていけば、身体の回復も、その補助をする治療も、薬の効果も、障害があったときより格段にその効果を伸ばすことができるわけです。

身体に触りもしない施術をするだけで何十カ所もの圧痛点が消える、治癒力を回復できるということを、こうして文字で読むだけでは信じられないかもしれません。そういうときは、ぜひ良法を受けて、実際に痛みが消える感覚を体験してみてください。

Q：私の家族は、何かあるとすぐ薬を飲んでしまうので心配です。

A：小さい頃から、風邪をひいたら風邪薬、頭痛が起こったら頭痛薬と、すぐ薬に頼るように習慣づいていると、それを覆すだけでも大変です。一番大切なのはその人の自然治癒力を高めることです。まずご自身が浄波良法を覚えて、ご家族に施術してあげて下さい。私たちは、幼いころから、症状が出るとすぐ薬を飲むように教育され、自然治癒力の存在を軽視していました。

一番大事なことは、人間にもともと備わっている自然治癒力を活かすことで、そうでないと、自分の持つ素晴らしい力がどんどん隠れてしまいます。

現代は特にそうですが、解決策を外へ外へと求める考え方が根づいてしまっています。本当は、求めるものはすべて、自分の内にすでにあるのです。外に頼りすぎると、自分の力を使わないことに慣れていき、運動しない筋肉のように次第に弱くなっていきます。これでは、自分の能力をどんどん妨げてしまいます。

けっして薬が悪いわけではありません。スタートがどこであるべきかを知るのが大切なのです。体が力を持っていることに気づかない、気づいてもなかなか本来の力が出せないのは、外へ外へと救いの手を探し続ける考え方にも原因があります。

Q：身体に感謝することの意味を教えてください。
A：感謝は光です。光は調和のエネルギーを放ち、すべてを癒します。
自分たちが生まれてから今日まで、私たちの肉体は、不平不満を言うこともなく働き続けてくれました。人間とは、頭でいろいろ考える自分と、二十四時間休みなく内臓機能を動かしている自分の二人から成り立っています。この、休まずに働き続けている内なる自分が肉体です。内なる自分の重要性を真にわかっていないから、人は無理をし、飲み過ぎたり、食べ過ぎたり、むやみに痛めつけたりするのです。

身体に感謝するとは、この内なる自分に感謝するということです。

人には感覚があります。感覚があるおかげで、理性が働きます。そして、感覚は身体からもたらされるものなのです。これこそ、仏教でいうところの仏です。仏である自分をあらわすために、僧侶は坐禅をするのです。自分の内にこそ仏が――すなわち、悟ったすばらしい自分がいます。だからこそ、感じる自分の声を大切にし、感謝しなくてはいけないのです。

Q：自分の身体に大きな不調はないと感じています。浄波良法を受けるべきでしょうか。

A：横になったときに自分でお腹を押してみてください。あなたが真に健康で、どこにも歪みがたまっていないときには、どこにも痛みはありません。しかし、そういう人は少数です。実際に押してみると、特に痛いところとそうでないところがあると思います。そのとき感じられる痛みは、全体の骨格が歪んでいる証拠です。なんらかの原因で骨格が歪んで、細胞の働きが低下し、乱れているのです。症状として表にあらわれるまでは押さないとわからない痛みです。

その乱れ、歪みというマイナス要因は、私たちにわからないまま少しずつ身体全体に波及していきます。それが蓄積されて大きな固まりになると、痛みなどの具体的な症状を発症して、病院へ駆け込むことになるのです。この、自分ではあまり意識できない、病気の状態と健康な状態のあいだの状態を、東洋医学では「未病」といいます。

人間は、健康な状態からいきなり病気にはなりません。突然痛みや症状が出てくると感じるかもしれませんが、かならずこの「未病」の期間があるのです。

子供がいきなり非行に走ることがないように、すべてのことには原因があり、それが蓄積されて現象に結びついています。病気も同じです。

熱が出たり、病的な痛みを感じたりしていなくても、不快な感覚があったり、圧痛点の痛みを感じる場合は、浄波良法を受けるのも方法のひとつです。といっても、病気を「未病」のうちに治すことに取り組んでいるところは、まだとても少ないので、方法は限られてしまいますが、そのなかでも浄波良法は、こうした蓄積されたマイナスを、まだ病気にならないうちに自分の力で消していくことに重点をあてた良法ともいえます。「未病」の解消において、自分自身の力に勝るものはありません。自分の蒔いた病気の種は自分で刈り取るしかないのです。浄波良法はその手助けとなるでしょう。

Q：葬儀のやり方と浄波良法のやり方が同じだということについて教えてください。

A：実のところ、お葬式のやり方を応用したのが浄波良法です。

僧侶は、死後の世界、死後に故人の行くべき、住むべき世界を知っているわけではありません。これは、病気の真の原因が究極的には誰にもわからないのと同じです。

わからないからこそ、僧侶は、すべてを知っている守護霊様、守護神様に故人を繋げる手助けをするのです。病気を治そうとするときに、病気の治し方を知っている仙骨に繋げるのと同じです。

守護霊様、守護神様は、人間の幸せと魂の向上のために、人々の背後で二十四時間休まずに見守り導いています。「守りづらく」しているのは、真理から離れたマイナスエネルギーが幾重にも重なっているからです。僧侶はそのマイナスエネルギーの固まりを突き破り、人と守護霊様、守護神様とを繋げる役目をしているのです。自然治癒力についても同じことが言えます。その方を生かすために二十四時間休まず働いて守っているはずの自然治癒力が、生活習慣の乱れやいろいろな原因からマイナスエネルギーが重なって、働きを弱めてしまっています。そこで、浄波良法によってマイナスエネルギーの固まりを突き破り、治癒力に直接繋げているのです。

守護霊様、守護神様へと繋げた後、亡くなった方は自身の守護霊様と出会い、指導を受けます。すべてをご存知の守護霊様にお任せするわけですから、これに勝るものはありません。僧侶の役目はこれで成功です。その方が悟りを得られるかどうか、それまでにかかる時間がどのくらいなのかは、人それぞれの因縁がかかわってくるため、一概には言えません。

浄波良法でも、一度自然治癒力との道を繋げた後は、その力に任せます。自身の自然治癒力が目覚め、自己調整をするのです。治し方を知っている自然治癒力に任せるわけです。施術後は圧痛点の痛みが消え、身体が正常に戻っていきますが、どのくらいで治るのかは、過去のマイナスエネルギーの蓄積次第で変わってきます。そのために、治り方には個人差が出てくるのです。

真理を土台にしているという意味でも、浄波良法と葬儀の真の意味は同じところに立っています。

Q：病気になって以来、死ぬことへの恐怖が頭から離れません。

A：病気になると死への恐怖が増し、不安になるのはしかたないことです。しかし、何度も繰り返すように、エネルギーを心配と不安に注ぐほどもったいないことはありません。

究極的には、いつ死んでも悔いが残らないよう、毎日を精一杯生きるのが最良の道です。生きることは、「命を活かす」という意味でもあります。人間はただ生きて死んでいくだけの存在ではなく、なんらかの役割、使命を持って、ここに存在しているのです。

病気になったということは、病気の治癒を目指すのと同時に、真理に目覚めるときだということでもあります。「人間はなぜこの世に生まれ、死んでゆくのか?」「自分という存在はなんなのか?」という問いの答えに気づくための教えを受けている時間ともいえます。

そして、その答えは自分自身で気づいていくしかないのです。

人間はみな死を約束され、死に向かって歩んでいます。死なない人はどこにもいません。必ず訪れるものに恐怖しても、人間の力ではどうすることもできないのです。ならばせめて、真理を知ってこの世を終え、死後迷わず安心して、永遠の命を体得してもらいたいのです。

人間は、誰であっても、守護霊様、守護神様の守りがあります。守護霊様、守護神様が、この世における使命達成のために我々を守り、つねに導いていることを忘れてはいけません。それを理解してもらうために、月に一度の寺子屋を開催しているのです。

Q：自分を生きるとはどういうことですか？

A：人に振り回されないということです。人の態度感情にいちいち自分の気持ちが振り回されないことです。

人の感情に振り回されてしまうのは、自分の人生でなく、相手の人生を生きていることになります。相手の態度でその日が幸せになったり、不幸になってしまうからです。

自分を生きている人は、たとえ相手に悪いことを言われても、それに振り回されることはありません。悪意は自分のマイナスエネルギーが引き出され浄化された証だ、と考え、自分のいたらなさを反省し、成長に結びつけていけます。

自分を人生の主人公ととらえ、真の自分と出会うために自分は生まれたのだと、この世の使命を果たすために生きていこうという意識が大切なのです。

病気についても考え方は同じです。

病気にとらわれるということは、病気を生きることになってしまいます。とはいえ、「言うは易し、行うは難し」というように、できる人はなかなかいません。できないからこそ私たちは生かされています。できるように毎日を頑張っていこうという意識が大切なのです。

著者プロフィール

松本　光平（まつもとこうへい）

1967年、北海道に生まれる。

1988年、曹洞宗大本山永平寺別院における２年間の僧侶修行を終え、僧侶２等教師取得。日本気功整体学校、ヘクセンシュス神経専門大学校、MRT中心学校を卒業。

15歳、22歳、26歳で宇宙円光波動に遭遇して以来、数々の霊的体験をする。それらをもとに独自の方法で浄波良法を開発。

1993年、北海道自坊寺の副住職に就任。

1996年、高知県土佐清水病院に勤務。

2005年、札幌市に浄波良法施術院を開設。

現在、札幌・東京・神戸・福岡において施術と勉強会を主宰。

著書『波動良法で自然治癒力を引き出す』（2005年）
『浄波良法』（2007年）
『マンガで見る浄波良法』（2009年）
『自然治癒力が病気を治す』（2010年）
『お坊さんが考案した、かんたん自然治癒力アップ体操』（2012年）

■浄波良法の連絡先（http://johha.com）
〔Johha 札幌〕電話番号　011－511－1178
※東京・神戸・福岡のスケジュールは、Johha 札幌 011-511-1178までお問い合わせください。

痛みを消す!!　ヒーリング・テクニック

2013年11月18日　初版第1刷発行

著　者　松本 光平
発行者　韮澤 潤一郎
発行所　株式会社 たま出版
〒160-0004 東京都新宿区四谷4－28－20
☎ 03-5369-3051（代表）
http://tamabook.com
振替　00130-5-94804

組　版　一企画
印刷所　株式会社エーヴィスシステムズ

ISBN978-4-8127-0355-7　C0011